KB211773

생각하는 신앙

일러두기

▪ 이 책은 《평신도를 위한 신학입문》(1992)의 전면 개정판입니다.
▪ 본문의 성경 인용은 대한성서공회에서 펴낸 개역개정판을 따랐으며, 다른 번역을
  인용한 경우에는 따로 표기를 하였습니다.

생각하는 신앙

박영선 지음

1판 1쇄 발행 2015. 11. 9. | **1판 11쇄 발행** 2024. 11. 29. | **발행처** 포이에마 | **발행인** 박강휘 | **디자인** 이은혜 | **등록번호** 제300-2006-190호 | **등록일자** 2006. 10. 16 | 서울특별시 종로구 북촌로 63-3 우편번호 03052 | 마케팅부 02)3668-3260, 편집부 02)730-8648, 팩스 02)745-4827

값은 뒤표지에 있습니다. ISBN 979-11-5809-034-0 03230 | 이메일 masterpiece@poiema.co.kr | 좋은 독자가 좋은 책을 만듭니다. | 포이에마는 독자 여러분의 의견에 항상 귀를 기울이고 있습니다.

하나님을
알아가는
싸 움

박
영
선

생각하는 신앙

포이에마
POIEMA

목 차

들어가는 말_ 생각하는 신앙, 신학에 기초한 신앙

생각하는 신앙, 신학에 기초한 신앙

이 책을 처음 쓸 당시만 해도 서로 묶이지 않는 개념들이 있었습니다. 이상과 현실, 사실과 이해, 계시와 인식이 그랬습니다. 당시는 믿음 지상주의가 대세라 신앙이 현실을 품는다고는 꿈도 꾸지 못했습니다. 그럼에도 이상적 신앙생활을 할 수 있다고 기대했지요. 대개는 내세 지향적이어서 현실은 외면하고 등져야 하는 것으로 이해했습니다. 인생이나 현실은 사는 동안 어쩔 수 없이 감수해야 하는 잠시 잠깐의 과정이요 속히 벗어던져야 할 짐으로 봤습니다. 시간을 내서 교회에 모이거나 집회를 하는 것만이 진정한 기회이자 참된 순간이라 여겼습니다. 누가 특별히 그렇게 가르치지도 않았는데 당시 분위기나 정서가 그랬습니다.

일주일에 하루 정도 교회 나오고 나머지 엿새는 세상에서 사니 현실과 인생은 우리 삶에서 큰 부분인데, 이를 제외할 수는 없습니다. 그래서 한국 교회뿐 아니라 교회사에서도 신앙과 현실을 어떻게 조화시킬지는 늘 문제였습니다. 대개는 삶을 특별한 임무나 윤리 같은 것으로 대체하고, 있는 그대로 물어보는 것은 금기시했습니다. 그래서 신앙과 이를 펼칠 수 없는 현실, 이 둘을 어떻게 연결해야 할지를 놓고 그 당시 고민을 많이 했습니다. 그래서 자연스럽게 다음 개념들을 살펴보게 되었습니다. 자유와 책임, 역사와 인생 같은 것입니다. 이런 것들이 숙제거리가 됐습니다. 나의 신앙고백과 기대가 분명함에도 현실에서 그 자리를 확보할 수 없다면, 펄럭이는 깃발은 있지만 꽂을 땅이 없는 것과 같습니다. 그래서 현실과 관련한 최소한의 주제들을 이해해야겠다고 생각했습니다.

이를 위해 존재와 이해, 존재와 인식, 또는 계시와 인식 같은 주제를 맨 먼저 다루어야 한다고 보았습니다. 이런 것들을 탐구하려면 '하나님은 정말 계시는가?', '인간이란 무엇인가?'부터 물어야 하지만, 생각은 태어난 이후에 하는 겁니다. 내가 언제 태어났는가, 내가 누구인가, 이런 질문은 태어나면서 묻지 않습니다. 사춘기에 이르러서야 "난, 뭐냐?" 이렇게 묻습니다. 가장 중요한 근거는 모두가 전제하고 시작하는 '성경은 믿을 수 있는가?'입니다. 즉, '성경은 현실성이 있는가?' 하는 것이죠. 나중에서야 성경이 현실을 증언한다는 사실을 알았지만, 당시에는 성경에 그런 내용이 있는 줄도 모른 채 교훈적이고 윤리적이고 이성적인 내용만 뽑아냈습니다.

이스라엘 역사는 실패와 배신의 역사입니다. 등장인물들은 결코 태어날 때부터 대단한 인물은 아니었습니다. 단지 하나님이 그 사람을 쓰셨을 뿐, 그들은 모두 고달픈 인생을 살았습니다. 고달 프다는 것은 완벽한 자가 없었다는 말입니다. 이런 것들을 나중에 야 성경에서 보았습니다. 가령 자유가 모든 속박을 벗어버리는 것 이라면 책임은 모든 속박을 감수하는 것인데, 처음에는 이 둘이 같이 갈 수 없다고 보았습니다. 그런데 나중에는 '명예' 역시 하나 의 선택이라는 것, 명예는 결코 멋대로 구는 게 아니라는 것, 이것 을 아는 자리까지 그분이 인도해주셨습니다.

근본주의에다 율법주의까지 강한 배경에서 자란 저로서는 인 간이 무엇인지, 신앙이 무엇인지, 현실이 무엇인지에 대해 생각할 수 있는 최소한의 신학적 이해와 안내가 필요하다고 생각했습니 다. 이 책을 쓸 당시 저는 보수 진영에 있었으므로 존재가 먼저 있 고 이해와 생각은 그 다음이라는 순서가 자연스러웠습니다. 그래 서 계시가 먼저 있었고 어떤 존재가 이를 이해하는 것이었으며, 따라서 우리의 이해를 통해 계시가 만들어지지 않는다는 것을 깨 달았습니다. 우리의 이해 유무와 별개로 계시는 벌써 존재하고 있 었죠. 이 인식의 전환이 제게는 굉장히 소중했습니다.

인식의 중요성은 아무리 강조해도 지나치지 않습니다. 그런데 인식이 강조되는 만큼 책임도 강조되면 좋겠습니다. 존재가 강조 되는 만큼 은혜 역시 더 강조되면 좋겠습니다. 이제는 양쪽을 다 명예롭게 쓰면 좋겠다 하는 자리에까지 왔습니다. 어느 길로 오 르든지 한 인간의 신앙적 승리와 영광은 하나님이 어떤 분이시며 하나님이 사랑하신 인간의 가치가 무엇인지에 달려 있습니다. 즉,

그 길에는 하나님의 거룩하심과 인간의 감사가 분리되지 않고 같이 등장한다는 사실을 깨달았습니다.

그런데 우리의 이해와 얽히고설킨 책임들이 '해석'에도 녹아들고 영향을 미칩니다. 필연적으로 중립은 지키기 어렵습니다. 각자의 관심사와 경험에 따라 편향되기 마련이지만, 그럼에도 이런 주제들은 다뤄야 한다고 생각했습니다. 주제 넘는 일이었습니다. 처음에는 제목에 "평신도를 위한"이라는 말을 붙였는데, 이는 제가 전문가의 지위와 실력이 없음을 전제했기 때문입니다. 제가 품은 질문들이었고, 그런 질문들을 한 번쯤 가져보아야 그 터 위에 집을 더 잘 지을 수 있다고 믿었습니다.

신자의 신앙이 하나님을 더 알고 그분의 뜻에 자신의 삶을 맞추어가는 것이라면 하나님을 더 알려는 신학적 노력은 신자의 생활에도 분명 도움을 줄 것입니다. 신학은 일반 종교학처럼 인간이 신을 연구하는 것이 아니기 때문에 중요한 규칙 하나를 꼭 기억해야 합니다. '어떻게 해야 하나님이 의도하신 대로 하나님을 만날 수 있을까'라는 방향 감각입니다. 이 책은 바로 그 방향을 잡아가는 데 도움을 드리는 내용을 다루고 있습니다. 저의 바람은 일반 신자들도 막무가내 신앙이 아니라 생각하는 신앙, 신학에 기초한 신앙을 갖는 것입니다. 이 책이 그런 신앙을 세우는 데 도움이 되면 좋겠습니다.

2015년 추수감사절 즈음에

I

계시란 ————
——
무엇인가 ————

신학이란 무엇일까요? 신학神學은 다루는 주제 때문에 신학일까요, 아니면 학문을 연구하는 방법 때문에 신학일까요? 당연히 주제 때문입니다. 즉 다루는 주제와 내용이 여타 학문과 다르기 때문에 '신학'이라는 이름이 붙습니다.

그렇다면 신학을 연구하는 방법론은 무엇입니까? 일반 학문을 연구하는 방법론과 같습니까? 아니면 다른 독자적인 방법론이 있습니까? 신학도 학문이니 다른 학문과 공통된 무언가가 있겠죠. 그럼 다른 학문들은 어떨까요? 문학과 공학의 학문하는 방법론이 같을까요, 다를까요? 같습니다. 다르다고 말한다면 속은 것입니다. 이를테면 국문학과 전기공학을 연구하는 방법이 달라 보이는 이유는 주제가 다르고 용어나 표현, 특성이 달라서이지 연구하는 방법론이 달라서가 아닙니다. 학문하는 방법은 같다는 말이지요.

두 학문의 차이는 주제나 내용에서 발생합니다.

계시, 신학의 원리

신학이란 하나님에 관해 탐구하는 학문입니다. 신학이 다른 학문과 구별되는 가장 큰 이유는 다루는 주제와 내용이 하나님에 관한 것이기 때문입니다. 일반 학문은 우리 인식과 지각 내에 있는 것, 즉 유한한 것들이 대상이라면 신학은 초월을 다룹니다. 여기서 '신학의 원리는 무엇인가'라는 질문이 등장합니다. 도대체 신학은 무엇으로 가능한가라는 물음입니다. 가령 문학은 연구 주제와 내용을 어떻게 탐구할 수 있습니까? 세상에 나와 있는 작품들을 대상으로 하면 됩니다. 그런데 신학만큼은 연구 대상이 초월적 존재이기 때문에 연구 주제나 내용을 '계시啓示'에 의존할 수밖에 없습니다. 따라서 신학의 원리는 계시입니다.

그런데 신학의 원리가 '오직 계시'만인지, 아니면 '계시와 이성' 모두인지는 커다란 논쟁거리입니다. 이성이 신학의 원리에 포함되느냐는 질문입니다. 공학이나 문학 같은 일반 학문의 연구방법론이 같은 이유는 이들이 모두 이성을 학문의 원리로 삼기 때문입니다. 수학이든 사상이든, 이들 학문의 원리는 이성입니다. 하지만 신학의 원리는 계시입니다. 여기서 이성이 신학의 원리에 포함되는지 아닌지의 문제가 발생합니다.

계시란 무한에 속한 초월자가 유한에 속한 우리로서는 알 수 없고 감지할 수도 없는 내용을 우리에게 보여주는 행위입니다. 단순히 보여주는 데서 그치지 않고 우리에게 초월의 내용을 인식시켜야 합니다. 그런데 인간이 사물을 인식하고 받아들이는 기관은 이성입니다. 물론 눈이나 손처럼 직접 보고 느끼는 감각기관sense이 있지만 이 또한 이성의 필터를 거치기 마련입니다. 그래서 눈으로 보았어도 합리적이지 않은 일들은 시간이 흐르면서 퇴색합니다. 대표적인 예로, 환상을 보거나 기적을 경험해도 오래 지나면 그 무게와 색깔이 퇴색하고 정말 그랬었나 싶습니다. 이처럼 인간의 최고 인식기관은 이성, 즉 합리성입니다. 그래서 우리는 무엇을 보아도 이성을 통해 납득되지 않으면 필름에 감광되지 않고 상像이 맺히지 않습니다.

그래서 계시와 이성 모두를 신앙의 원리로 삼는 이들도 있습니다. 하지만 이성은 계시를 인지하는 기관일 뿐 계시의 내용은 아닙니다. 신학의 내용은 신神 자신이고 그의 사역입니다. 내가 그를 어떻게 이해하느냐가 내게는 중요하지만, 그것이 신학의 내용은 아닙니다. 신학의 원리는 계시뿐입니다. 계시란 하나님이 당신 자신을 우리에게 보여주시는 행위입니다. 무한이 유한에게 자신을 보이는 것입니다. 초월이 제한된 세계로 들어와 그 모습을 드러내는 것입니다. 그것이 계시입니다.

그런데 문제는 기독교의 계시가 우리가 알기 원하는 모든 내용을 밝히 드러내 알려주느냐는 것입니다. 성경의 계시에 그런 특징이 있느냐 하는 것이죠. 계시가 감춰진 것을 우리에게 알려주고 볼 수 없는 것을 보여주는 것은 맞지만, 그 계시가 갖는 제한성을 간과하기 쉽습니다. 하나님이 당신 자신을 우리에게 보이실 때 우리가 알고 싶어 하는 모든 것을 속속들이 다 보여주십니까? 우리가 의심하거나 모호하다 여기는 모든 것을 설명하고 변명하는 식으로 계시가 이루어집니까? 그렇지 않습니다. 계시는 우리가 하나님에 대해 알기 원하는 모든 것을 백과사전처럼 나열해 알려주지 않습니다. 하나님은 성경의 계시를 통해 어느 한 부분만을 알려주십니다. 이것이 바로 성경에 나타난 하나님의 계시가 지닌 제한성이라는 특징입니다.

그런데 우리는 계시를 종종 이렇게 오해합니다. 하나님이 백화점 진열장에 그분에 대한 여러 가지를 나열해놓고 우리에게 알아서 취하라는 식으로 말이죠. 이처럼 자칫 잘못하면 계시를 어떤 지식에 불과한 것으로, 의지나 동력이 없는, 방향성이나 움직임을 상실한 정보의 나열로 이해하기 쉽습니다. 하지만 계시는 그렇지 않습니다. 좀 더 구체적으로 말하면, 목적과 계획을 가지고 일하시는 하나님이 이에 대해 일러주시는 게 계시입니다. 계시는 지식과 정보의 노출 이전에 하나님의 일하심에 따른 결과입니다. 하나님이 인간에게 그분을 나타내셨을 때는 "나를 선택할래, 안 할래?"가 아니라 그 사람을 놓치지 않으시겠다는 의지를 표명하신 것입니다. 이는 성경에서 가장 두드러지게 나타나는 사상이기도 합니다. 따라서 계시는 우리보고 선택하라면서 하나님에 관해 나열하는 것이 아닙니다. 오히려 하나님의 목적과 의지와 집념이 응축된 행위 그 자체로 계시를 이해해야 합니다.

말하자면 이런 셈입니다. "하나님은 언제부터 계셨는가?" "선악과는 왜 만드셨는가?" "누구는 선택하고 누구는 왜 버리셨는가?" "왜 아담과 하와가 죄 짓지 못하도록 막지 않으셨는가?" 이런 질문에 답하는 식으로 계시는 등장하지 않습니다. 이런 질문에 대한 답을 성경에서 찾는 것은 성경 계시의 특성을 오해한 데서 비롯된 부작용입니다. 그러니까 성경 계시는 우리의 호기심에 답하는 식으로 하나님이 자기를 증명하거나 변명하는 방편이 아닙니다.

달리 설명하면 이렇습니다. 우리는 수학에서 $ax^2+bx+c=0$이라는 이차방정식을 배우지만, 이런 수식으로 영어를 배울 수는 없습니다. 물론 a나 b, c나 x 같은 철자를 배울 수는 있지만 철자 네 개를 알 수 있다고 해서 수학책이 영어책이 되는 것은 아닙니다. 성경에는 성경이 말하고자 하는 이야기가 있습니다. 성경이 목표로 하고 성경이 그려내는 그림이 있는데, $ax^2+bx+c=0$을 가지고 영어를 배우려는 사람들이 꼭 있습니다. 우리는 성경이 진리의 책이며 뭐든지 대답한다고 생각하면서 '뭐든지'라는 내용을 이런 식으로 알아들었던 것입니다.

"하나님은 전능하십니다"라고 하면 어떤 이들은 이렇게도 묻습니다. "하나님은 자기가 들지 못할 만큼 무거운 물건을 만드실 수 있습니까?" 못 만들면 전능하지 않고, 만들어도 들 수 없으니 결국 전능하지 않게 됩니다. 전능을 오해한 질문입니다. 성경에서 전능이라는 개념은 이와 다릅니다. 하나님은 하시고자 하는 바를 반드시 이루신다는 뜻입니다. 무엇에 대해 알고 모르고는 정보의 양에 관한 것입니다. 지식에 관한 것이지 지혜와는 거리가 멉니다. 그런데 우리는 신앙도 정보의 양으로 접근합니다. 성경이 요구하고 의도하는 방향을 잘못 알아듣고 뒷북치는 것과 같습니다. 이것이 가장 시급하고 중요한 문제입니다.

성경 계시의 독특성

성경 계시의 특성은 하나님이 인간에게 영원한 목적을 갖고 계신다는 것입니다. 이것이 계시의 특성이며 일종의 기준이기 때문에, 이에 부합하지 않는 것들은 언급되지 않습니다. 하나님이 인간에게 영원한 목적을 두고, 일을 추진하시고, 예수 그리스도를 보내실 만큼 이 일에 온 힘을 쏟고 계시다는 것, 이것이 바로 성경 계시의 특성입니다.

이처럼 성경 계시의 특성은 하나님의 일하심, 즉 그분의 목적과 그것을 이루어가시는 섭리와 열심입니다. 이는 여러 가지로 증명되는데, 우선 신구약 성경 66권의 기록 형태를 보면 알 수 있습니다. 어떤 기록물이 가장 많습니까. 바로 역사입니다. 성경은 사상에 대한 기록보다 역사에 대한 기록이 주를 이룹니다. 전체가 역사서인 모세오경이 대표적입니다. 여호수아, 사사기, 사무엘상하, 열왕기상하, 역대상하 모두 역사서입니다. 대선지서와 소선지서도 다 역사서입니다. 사복음서는 또 어떻습니까? 사도행전과 요한계시록 또한 역사서 아닙니까? 역사서는 단지 역사적 사건만을 기록해 보여주는 것이 아니라 어떤 일이 목적에 따라 진행되고 있음을 보여줍니다.

역사서가 아닌 다른 성경들은 무엇입니까? 거기에도 분명 어떤 정보와 사상이 담겨 있습니다. 그 정보와 사상은 하나님의 역사가 궁극의 목표를 향해 가는 과정에서 우리가 꼭 발견해야 할 의미와 가치를 분명하게 해줍니다. 사실 성경의 모든 책들은 영원한 세계를 준비하라고 요구하시는 분이 우리에게 그 원하시는 바를 가르치려고 기록한 것입니다. 특히 창세기를 보면 "이것은 아담의 계보를 적은 책이니라"라고 시작하는 족보가 많이 나옵니다. 신약 성경은 어떻게 시작합니까? "아브라함과 다윗의 자손 예수 그리스도의 계보라"(마 1:1)로 문을 엽니다. 계보는 족보를 가리킵니다. 구약 성경이나 신약 성경 모두 하나님의 일하심, 목표를 향한 진행과 성취를 보여줍니다.

잘 보십시오. 우리가 기대하는 바와 성경 계시가 의도하는 바가 얼마나 다릅니까? 하나님을 믿어야 하는 이유와 근거를 성경에 요구하지만 그런 답들은 성경에 없습니다. "나는 이러면 믿겠다"고 하는 질문에 부합하는 답은 없습니다. 믿지 않는 사람들이 많이 하는 질문이 "왜 착한 사람들은 못살고 악당들이 더 잘사느냐?"는 것입니다. 이 의문은 신자인 우리에게도 있습니다. 시편 73편을 보면 "그들은 죽을 때에도 고통이 없고"(4절), "살찜으로 그들의 눈이 솟아나며"(7절)라고 말합니다. 그래서 악이 오릅니다. 우리가 무엇 때문에 의롭게 살아야 합니까? 여러분 주변에도 경건하고 진실한 이들이 꼭 성공하지는 않습니다. 성공이라는 말이 우습지만, 세상 방법대로 열심히 사는 이들이 훨씬 더 잘됩니다. 자기 자존심을 걸고 욕심을 내는 교회들이 뜻밖에도 더 잘됩니다. 정말 하나님만 의지하고 정직하게 사는 교회는 잘 안됩니다. 꼭 그렇지는 않지만 일반적으로 그렇습니다.

성경은 이를 설명하는 대신 우리에게 순종을 요구합니다. 하나님의 목적과 이를 성취해가는 당신의 선의를 신뢰하고, 그에 따르는 순종만이 필요하다고 말합니다. 우리의 질문에는 묵묵부답인 하나님이 우리가 그렇게 갑갑해하지 않는 일에는 온갖 이적과 표적을 행하십니다. 홍해를 가르시고, 태양을 멈추시고, 돌에 맞아 죽어가는 스데반을 성령과 지혜로 충만하게 하시고 그 얼굴도 천사같이 빛나게 하시는 분이 뼈 빠지게 고생하는 내게는 아무것도 안 해주신단 말입니다. 그러면서 우리에게는 아무런 설명이나 답을 주지 않고 순종만 하랍니다. 죽도록 충성하라는 것입니다. 이것이 계시의 특성입니다.

성경은 말합니다. "하나님은 선하시다, 의로우시다, 끝까지 견디는 자는 면류관을 받으리라!" 그때 면류관을 주시고 열 고을을 다스리는 권세를 주실 분이 더도 말고 꿈에라도 한번 나타나셔서 "너, 잘하고 있다"라는 말씀을 왜 안 해주시느냐 말입니다. 그게 바로 계시의 특성이기 때문입니다. 이 특성을 모르면 하나님이 목적을 두고 하시는 일에 우리를 부르시고 또 순종까지 요구하시는 게 무척 부당해 보입니다.

제가 지금 여러분에게 분명히 해두려는 핵심을 놓치지 마십시오. 저는 지금 여러분 마음속에서 정보나 지식 차원의 계시 개념을 몰아내려고 합니다. 우리가 하려는 일에 하나님의 정보가 필요한 것이 아니라 하나님이 하시려는 일에 우리가 동원되어야 합니다. 이것이야말로 성경 계시의 올바른 방향이고 적실한 요구입니다. 신약 성경에 "내 아버지께서 이제까지 일하시니 나도 일한다"(요 5:17)라는 말씀이 있습니다. 바로 그 일하시는 하나님이 우리에게 전하는 말씀이 계시입니다.

다른 예를 하나 들어보겠습니다. 우리나라 민주화는 학생운동에 힘입은 바 큽니다. 당시 "공부하지 말고 데모하자!"라는 구호에는 민주화가 더 중요하다는 판단이 들어 있었고, 그래서 학생으로서 입을 손해를 무릅쓰고 교실에서 나갈 수 있었습니다. 그런데 이런 말은 어떻습니까? 영어학원에 와서 "우리가 지금 영어를 배울 때냐, 나가서 데모해야지!" 이것은 좀 다른 문제입니다. 뉘앙스의 차이를 아시겠습니까? 우리가 성경을 이해할 때도 비슷한 일이 일어납니다. 성경을 읽고 연구하는 맥락에서는 어울리지 않는 실수를 합니다. 영어학원에 와서 데모하러 나가자, 수학을 배우자, 꼿꼿이 연습하자, 영어 선생님 키가 작다, 옷이 예쁘다 안 예쁘다 같은 말을 하는 것과 같습니다. 이처럼 성경 계시가 목표로 하는 방향을 제대로 찾지 못하면 계시가 관심도 없고 언급하지도 않은 내용을 불필요하게 확대 재생산하는 부작용이 발생합니다. 그래서 계시를 이해할 때는 정보나 지식 차원의 계시가 아니라 우리 가운데서 일하시는 하나님의 능동성과 주도권 개념이 여러분 마음속에 먼저 들어와 있어야 합니다. 그래서 신앙은 순종입니다. 가위 바위 보 하면서 다툴 문제나 투표할 문제도 아닙니다.

히브리서 11장 6절에는 믿음에 대한 정의가 나옵니다. "믿음이 없이는 하나님을 기쁘시게 하지 못하나니 하나님께 나아가는 자는 반드시 그가 계신 것과 또한 그가 자기를 찾는 자들에게 상 주시는 이심을 믿어야 할지니라." 우리는 믿고 따르기 전에 "하나님, 정말 계십니까? 당신이 정말 최종 결재자입니까?"라고 질문합니다. 이것만 확실하면 믿겠다는 것이죠. 그런데 성경은 이 질문을 어느 항목으로 분류합니까? 믿음의 영역에 놓습니다. 믿음이란 무엇입니까? 증명해주지 않는다는 것입니다. 우리가 얼마나 성경 계시를 오해하고 있습니까? 우리가 증명해달라고 하는 것 모두를 성경은 믿으라고만 하고 증명해주지 않겠다고 합니다. 그런데 우리는 전도할 때나 설교할 때 믿어야 하는 부분을 설명하려 듭니다. 성경이 목표로 하지 않는 것들을 되레 우리가 목표로 잡을 때가 너무 많습니다.

한 주일학교 교사가 아주 답답하다면서 제게 상담 편지를 보내온 적이 있습니다. '내가 이 정도밖에 못 가르쳐주나' 싶어 자신에게도 화가 나고, 속 시원하게 안 알려주는 교회도 답답하고, 나중에는 성경에까지 화가 나더라는 겁니다. 성경에 답이 없다고는 감히 생각할 수 없으니까, '내가 무식해서 그렇지'라는 결론을 내리고, 지금 하는 일을 그만두고 신학을 공부해서 제대로 가르치면 어떻겠느냐고 상담을 요청했습니다. 의외로 이런 질문이 심심찮게 날아옵니다. 제가 뭐라고 답하겠습니까? "꿈 깨고 지금 하는 일에 충성하십시오!" 왜인지 아십니까? 성경에는 그런 것들에 대한 답이 없기 때문입니다. 성경은 그런 의도로 쓰이지 않았습니다.

믿음의 여정에 동참할 수 있는 이유

성경은 하나님이 뜻하시는 바와 목표가 있으며, 이를 위해 추진하는 일이 있다고 기록합니다. 우리가 그 일에 순종하며 동참하기 위해서는 최소한의 믿음을 가져야 합니다. 물론 성경이 하나님을 믿고 따를 만한 기준이나 조건을 우리에게 전혀 제시하지 않는 것은 아닙니다. 하나님의 존재를 곧이곧대로 증명해주지는 않지만, 하나님이 계신 것과 그분을 믿을 수 있는 근거를 다른 방법을 통해 보여주십니다. 그 방법은 하나님의 선하심과 우리를 향한 사랑입니다. 이는 믿음의 선조들이 주께 순종하고 엎드려 복종하는 모습에서 자주 등장합니다.

'그분의 신실하심이 드러난다'는 말은 무슨 뜻일까요? 그분이 지금까지 해오신 일을 중단 없이 끝까지 해낼 것이며, 성실과 은혜와 자비로 그 일을 완수하고 계시다는 것입니다. 그분이 하시는 일이 그렇고, 그 일을 이루어가는 방법이 그렇고, 그 일로 혜택을 입은 이들의 고백이 그렇고, 그 일을 이뤄가는 데 동참한 이들의 고백이 또한 그렇습니다. 한 예로 아브라함이 이삭을 바친 일로 무엇이 증명됩니까? 하나님이 도대체 얼마나 믿을 만한 분이기에 백 세에 얻은 아들까지 바친단 말입니까? 성경은 바로 이런 방식으로만 하나님이 믿을 만한 분이라는 근거를 제시합니다. 신약 성경의 사도들은 옥에 갇혀 매를 맞고 나오면서도 주의 일에 쓰임 받았다고 기뻐합니다. 또 우리를 위해 예수 그리스도가 오셨다는 사실을 환기시킵니다. 이런 것들이 유일하게 믿을 수 있는 근거입니다. 하나님은 "나 여기 있다. 여기 지옥이 있다. 보아라"는 식으로는 알려주시지 않습니다.

디모데후서 1장 12절을 봅시다. "이로 말미암아 내가 또 이 고난을 받되 부끄러워하지 아니함은 내가 믿는 자를 내가 알고 또한 내가 의탁한 것을 그날까지 그가 능히 지키실 줄을 확신함이라." 바울은 자신이 하는 일이 주님의 일이며, 비록 고난을 당하고 좌절 가운데 있더라도 흔들리지 않는 이유는 그 일을 맡기신 이를 알기 때문이라고 고백합니다. 그런데 바울은 자신이 안다고 한 그 예수님을 우리가 원하는 방식대로 제시하지 않습니다. 바울서신 어디에도 하나님을 설명하거나 증명하지 않습니다. 기껏 한다는 말이 셋째 하늘에 갔다 왔는데(고후 12:2), 그 내용은 말할 수 없다고 합니다. 그게 무슨 계시입니까? "내가 다녀왔는데, 아무 날 아무 시에 어떤 일이 일어난다고 되어 있더라"라고 해야 우리 입장에서는 믿음이 가지, 갔다 왔는데 말할 수 없다니 이건 또 뭡니까?

그런데도 우리가 사도 바울의 간증을 통해 알고 있는 사실은, 그가 고난과 핍박과 좌절 속에서도 기쁘게 그 길을 감당했으며, 그 길로 부르신 이에게 120퍼센트 순종했다는 것입니다. 성경이 우리에게 하나님을 믿을 근거를 제시하긴 하지만, 우리가 바라는 설명이나 증거가 될 만한 정보나 지식으로 전달하지는 않습니다. 성경 계시의 일차적 목표나 특성은 그게 아니라는 말입니다.

기독교와 다른 종교의 차이

기독교와 타 종교의 차이가 여기서 두드러지게 나타납니다. 지금까지 말한 계시의 특성에 비추어보면 둘의 차이는 확연하게 드러납니다. 그렇기 때문에 "기독교만이 진리이다"라고 이야기하지 말자는 것입니다. 다른 모든 종교도 자기가 믿는 바를 진리라고 합니다. 이렇게 해서는 기독교만이 진리라는 것이 구별되지 않습니다. 성경도 우리만이 진리임을 증명하는 것을 목표로 하지 않습니다. 앞서 이야기했듯이 성경은 하나님이 정말 계시는가, 하나님이 왜 선악과를 만드셨는가 같은 질문에 구구절절 설명하거나 대답하지 않습니다. 그러니 "우리에게는 구원이 있지만 너희에게는 없다", "우리는 진리이고 너희는 가짜이다", "기독교는 하나님이 만드셨고 너희 종교는 너희들끼리 만든 것이다"라고 해봤자 구별이 안 됩니다. 이 말들은 분명 사실이지만 기독교는 이런 식의 증명을 목표로 하지 않습니다.

보통 기독교와 다른 종교를 구별할 때 초월超越을 기준으로 듭니다. "기독교는 초월 종교이고 다른 종교는 자연 종교이다, 기독교는 신적인 것이지만 일반 종교는 사람이 만든 것이다, 기독교는 신적인 개입, 즉 기적이 있고 신적인 능력이 있지만, 다른 종교에는 그것이 없고 도道가 있을 뿐이다", 이런 답이 제일 일반적입니다. 그런데 이마저도 틀린 말입니다. 인간의 종교일지라도 초월이 특성으로 나타납니다. 모든 종교가 그렇습니다. 아무리 낙후한 원시 사회에도 종교가 있고, 그 종교의 집행자는 하다못해 무당일지라도 초월적 능력을 행사합니다. 여러분은 무당에게 초월적 힘이 있다는 사실을 아십니까?

가깝게 지내던 선배 한 분은 어려서부터 신앙생활을 해왔습니다. 그 선배가 고등학생일 때 옆집에서 무당을 불러 푸닥거리를 하고 있었는데, 그 상황이 참 안됐더랍니다. 그렇다고 해서 나서서 시비를 걸 수도 없으니 안타깝게 지켜만 보고 있었답니다. 마침 신들린 무당이 돼지머리에 식칼을 꽂고 뒤집어 세우니까 그게 서더랍니다. 그때 선배가 속으로 '하나님, 넘어지게 해주십시오'라고 기도했더니, 정말 픽 쓰러지더랍니다. 얼굴이 하얘진 무당이 다시 한참 춤을 추고 칼을 세웠는데, 선배가 다시 기도를 하니 또 넘어지더랍니다. 그러자 무당이 싹 돌아보더니 "여기 예수 믿는 놈 있으면 다 나가", 그러더랍니다.

기독교 외에는 초월적 힘이나 영역이 없다는 생각은 난센스입니다. 어느 때는 마귀가 더 초월적 존재라는 사실을 잊어서는 안 됩니다. 따라서 초월이 기독교와 다른 종교를 구별하는 기준은 아닙니다. 기독교가 다른 종교들과 구별되는 지점은 '계시'입니다. 계시가 무엇입니까? 지금까지 말씀드린 내용으로 답을 해보십시오. 기독교와 다른 종교의 가장 큰 차이는 무엇입니까? '주도권이 누구에게 있느냐'입니다. 기독교는 주도권이 누구에게 있다고 믿습니까? 하나님께 있습니다. 하나님이 시작하시고 끝을 내십니다. 다른 종교는 어떻습니까? 그들의 신은 무엇 때문에 존재합니까? 우리가 계획하고 우리가 하고 싶은 일에 동원하기 위해 존재합니다. 그 신이 가끔 우리 일에 방해가 되기도 하기 때문에 진사陳謝해야 합니다. 제물을 드려 화를 누그러뜨립니다. "진노를 푸시고 고정하시옵소서"라고 간청을 해야 합니다.

그러나 기독교의 제사는 무엇입니까? 거룩한 그분을 만나기 위해 나를 성결하게 하는 것입니다. 신의 분노를 풀기 위한 것이 아닙니다. 진사의 목적이 가장 큰 차이입니다. 따라서 다른 종교는 근본적으로 범신론입니다. 잘 아시듯 범신론은 모두가 신이 되는 것입니다. 내가 '나'라는 존재의 주인이 되는 것입니다. 내가 목표를 정하고 방법도 정합니다. 내게 없는 힘과 다른 모든 것을 가지고 있는 신은 단지 내가 이루려는 일에 동원될 뿐입니다. 그를 동원하기 위해 주문을 외우거나 부적을 붙입니다. 그것이 기독교가 아닌 다른 종교입니다. 그럼 기독교는 어떻습니까? 하나님께 주도권이 있습니다. 하나님이 일을 하십니다. 다른 종교들의 목표가 도를 깨우쳐 나를 극대화하고 내 안에 부족한 것들을 채워가는 것인 데 반해, 기독교 신앙이 으뜸으로 요구하는 것은 순종입니다. 자기 부인입니다. 이 둘이 얼마나 다른가요. 제가 보기에 이 차이가 한국 교회가 가장 시급하게 깨달아야 할 바입니다.

우리 인간은 하고 싶은 것, 갖고 싶은 것, 성취하고 싶은 것이 무척 많습니다. 그런데 그럴 만한 힘이 없습니다. 반면 신에게는 우리에게 없는 힘과 능력이 있습니다. 이런 조건을 반영해서 나온, 타종교의 신관이 극적으로 드러난 예가 알라딘의 램프입니다. 램프를 문지르면 지니Genie가 나타나서 주인을 극진히 섬깁니다. 누가 주인입니까? 알라딘이 주인입니다. 지니가 아무리 무시무시한 힘을 가졌다 해도 주인은 알라딘입니다. 알라딘이 램프를 문질러야만 지니는 능력을 발휘할 수 있습니다. 알리딘 손에 장악돼 있는 것입니다. 그야말로 "내 손안에 있소이다"입니다.

그럼 여기서 그리스도인들이 하나님을 어떻게 동원하는지 살펴봅시다. 기도, 예배, 헌금, 금식, 정직 같은 덕목을 하나님이 내게 요구하시는 것, 즉 그분 마음에 흡족하도록 나를 다듬어가는 과정으로 보지 않고, 내가 이것들을 지키면 '하나님이 내 말을 들어주신다'는 쪽으로 적용합니다. 내가 기도를 많이 하고 정직하고 거룩하게 살아서 내가 원하는 바를 하나님이 꼭 들어주시도록 만드는 것, 그러니까 결국에는 알라딘이 램프를 문지르는 행위와 다름없어집니다. 굉장히 종교적 형태를 취하고 나를 위한 것도 아닌 듯싶지만, 결론은 '거룩한 사기'인 셈입니다. 저는 이것이 한국 교회가 제일 혼동하는 대목이라고 생각합니다.

2

이성의 ——
역할은 ——
무엇인가 ——

1장에서 가장 중요한 내용은 성경의 계시가 하나님의 자기 진열이 아니라는 것입니다. 계시는 하나님이 당신 자신을 진열해놓고 그중 몇 가지를 우리에게 선택하라는 것이 아닙니다. 하나님이 역동적으로 자신을 나타내시는 것, 다시 말해 하나님이 계획과 목적을 두고 일을 해나가면서 주도권을 갖는 것이 계시입니다. 그래서 기독교와 다른 종교를 구별 짓는 가장 뚜렷한 기준은 초월이 아니라 계시입니다. 다른 모든 종교는 신이 아니라 인간이 주도권을 갖지만, 기독교는 하나님이 권위와 결정권을 가지고 주도권을 행사합니다. 계시야말로 기독교 신앙이 지닌 가장 독특한, 타종교와 구별되는 특징입니다. 그런 면에서 성경은 하나님이 어떤 계획 하에 어떤 일을 하고 계신지, 또 지금까지 그 주도권을 쥐고 계신지를 여실히 보여줍니다. 이 점이 성경의 특징이지, 하나님이 그분을 나열해서 우리에게 설명해주려는 것이 성경의 일차적 목적은 아닙니다.

증명이 아닌 고백

하박국 3장이 이를 잘 설명해줍니다. 하박국 선지자는 하나님께 "왜 의인이 불의한 자들에게 횡포를 당하는데 가만히 계십니까?"라고 질문합니다. 하나님이 뭐라고 답하실까요? "의인은 믿음으로 산다"고 말씀하십니다. 우리가 요구하는 답과는 거리가 멉니다. 하나님의 존재 증명에 대한 객관적 답이 아니기 때문입니다. 하박국 선지자의 질문이 뭐였습니까? "하나님이 계시다면, 하나님이 온 천하 만물의 주인이시라면, 하나님이 의로운 분이고 선한 분이고 죄를 벌하는 분이라면 어찌하여 이런 일이 있습니까?" 그런데 의인은 믿음으로 산다고요? 이게 무슨 뜻입니까? 우리가 생각하는 방법으로는 답이 안 나온다는 것입니다. 성경은 애초에 그런 의도로 기록되지 않았습니다. 성경이 내놓는 이런 종류의 답은 굉장히 중요합니다. 시편 73편은 또 어떻습니까? 악당들은 죽을 때도 편히 죽더라는 것이죠. 우리 기대와 얼마나 다릅니까? 악인은 자기 소원보다 더 많이 얻고, 죽을 때도 편안히 눈을 감습니다. 기독교가 우리 기대와는 다른 답을 내놓는 예입니다.

오히려 성경은 하나님의 존재를 직접 증명하는 대신 다른 식으로 표현합니다. 이를테면 시편 96편이 그렇습니다. 여기서도 하나님이 계시다고 직접 '증명'하지 않습니다.

새 노래로 여호와께 노래하라. 온 땅이여 여호와께 노래할지어다.
여호와께 노래하여 그의 이름을 송축하며 그의 구원을 날마다 전파
할지어다. 그의 영광을 백성들 가운데에 그의 기이한 행적을 만민
가운데에 선포할지어다. 여호와는 위대하시니 지극히 찬양할 것이
요 모든 신들보다 경외할 것임이여. 만국의 모든 신들은 우상들이지
만 여호와께서는 하늘을 지으셨음이로다(1-5절).

하나님이 존재한다는 증명과 설명이 아니라 한 신자의 신앙 고
백입니다. 성경은 이런 식으로만 쓰여 있습니다.

이스라엘의 선지자나 제사장처럼 하나님이 기름 부은 사람이
직접 받은 계시들은 당연히 성경으로 인정되어 널리 읽힙니다. 하
지만 그렇지 않은 기록 중에 유대인의 신앙 기준에 입각해 성경으
로 선택된 것도 있습니다. 시편 96편도 누가 썼다는 정설은 없습
니다. 다시 말해, 하나님을 믿는 모든 백성이 볼 때 '이것은 사실
이다, 여기에 기록된 고백은 옳다'라는 합의가 이루어져 정경으로
선택된 것입니다. 시편 96편을 비롯해 시편 후반부에는 한 인간이
전 생애에 걸쳐 위협과 유혹, 고통과 슬픔, 좌절과 고난을 통과하
면서 하나님의 실존과 선하심, 창조주 되심을 절절히 확인하고는
마침내 다다른 인생의 결론 같은 고백이 많습니다. 이는 저자가
하나님이 특별히 세운 일꾼이라서 무조건 정경으로 받아들인 게
아니라, 하나님을 믿는 백성들이 긴 시간에 걸쳐 그 내용을 인정
한 경우입니다. 그 내용에 어떤 초월성이나 놀랄 만한 신적 외형

이나 다른 증거가 있어서가 아닙니다. 모든 신자가 전 생애에 걸쳐, 그렇게 굽이굽이 역사를 지나오면서 사실이라고 인정한 기록이란 뜻입니다. 하나님은 이렇게 간접적이고 완곡한 방식으로만 성경에서 자기를 설명하십니다.

지금까지 우리는 성경의 일차적 목표가 하나님의 존재를 객관적으로 증명하는 것이 아님을 살펴봤습니다. 하나님이 살아 계신다는 사실은 성경 곳곳에서 발견할 수 있지만 고백이라는 방식으로만 찾아볼 수 있습니다. 또한 계시는 하나님의 계획과 일하심, 그에 따른 하나님의 요구로 꽉 차 있습니다. 권위가 넘칩니다. 전하려는 말을 나열하고 타협하는, 우리에게 선택하라고 늘어놓는 그런 식이 아닙니다.

이성의 역할과 약점

'신학이란 무엇인가'라는 문제에서 출발해 여기까지 왔습니다. 신학은 학문하는 방법이 아니라 주제와 내용의 차이로 다른 학문과 구분된다고 말했습니다. 그런데 다루는 주제와 내용이 계시에 국한되는지, 아니면 계시는 물론 이성까지 포함하는지가 다음 문제였습니다. 우선 계시에 대한 가장 기초적인 것을 살펴보았고, 이제 이성에 대해 살펴보려고 합니다. 특히 계시와 이성의 관계와 그에서 파생되는 여러 문제들을 다루려 합니다.

먼저 신학이 학문의 대상으로 삼는 내용과 주제는 이성으로 만들 수 없는 것이 분명합니다. 그래서 "신학의 원리는 계시일 수밖에 없다"라고 일단 결론을 내린 것입니다. 이는 "이성은 신학을 신학 되게 하는 주제와 내용과는 아무 관계가 없다"라는 결론과도 맥이 닿습니다. 그런데 왜 이렇게 간단한 문제가 신학이라는 학문에서 끊임없이 문제가 되는 걸까요.

계시는 우리가 찾아서 만날 수 없는, 초월적 내용이 유한한 우리에게 나타나는 것입니다. 하나님이 그분을 우리에게 보이시는 것입니다. 그분의 뜻을 나타내시고 그분이 이루어가는 일에 우리의 참여를 요구하십니다. 그런데 계시가 어떤 목표와 계획을 담고 있든, 그 목표와 계획이 또 얼마나 엄청나든, 계시의 일차 목적은 우리에게 그 내용을 알리는 것입니다. 우리가 알 수 없는, 비밀스럽고 초월적인 무언가를 우리에게 보여주려는 것이지요. 계시라는 말 자체가 그런 뜻입니다.

그런데 인간은 무언가를 인식하고 이해할 때 이성적이지 않으면 제대로 받아들이지 못하는 제한된 존재입니다. 여기서 이성이 문제가 됩니다. 이성적이라는 말은 인간이 어떤 내용을 인식하고 이해하는 데 합리성을 요구한다는 뜻입니다. "합리성이 있어야 한다." 이 말은 결국 이성적이어야 한다는 말이죠. 그래서 인간에게 비이성적으로 이해한다는 말은 성립하지 않습니다. 인간은 이성 없이 무언가를 인식하고 이해할 수가 없습니다.

한철하 박사가 쓴 《고대 기독교 사상》(대한기독교서회)의 서론에는 이 부분을 이해하는 데 도움이 될 만한 내용이 나옵니다. 그중 대표적인 것만 짚어봅시다. 먼저, 교리가 무엇입니까? 교리란 기독교 신앙의 내용입니다. 그런데 신앙은 의지와 지성이라는 두 영역으로 나뉩니다. 교리는 우리가 신앙하는 내용을 객관적으로 체계화해서 정리해놓은 것입니다. 반면, 사상은 한 개인이 자기가 믿는 바를 바탕으로 자신만의 인식 체계를 구축한 것입니다. 이 둘은 떼려야 뗄 수 없는 불가분의 관계입니다. 그런데 둘은 같을 수도, 조금 다를 수도 있습니다. 기독교 교리는 우리가 믿는 바를 전체적으로 균형을 잡아 전개해나가기 때문에 강조되는 여러 초점이 서로 조화를 이룹니다. 하지만 개인의 신앙 체계가 사상이 될 때는 그 사람이 생각하는 중요도에 따라, 그 사람의 경험이나 신앙 색깔에 따라 균형 잡힌 교리가 재편집되기 마련입니다. 그래서 이 둘은 같을 수도, 조금 다를 수도 있습니다. 성경이 말하는 "주 너의 하나님을 사랑하라"와 "네 이웃을 사랑하라"는 같은 내용의 다른 면일 뿐입니다. 그런데 어떻습니까? 아무래도 같지 않다는 느낌입니다. 논리적으로는 같아도 개인에 따라 어느 한쪽이 앞설 때가 많습니다. 같은 성경 내용을 이해하는 데도 개인 구원에 초점을 두느냐, 아니면 신앙 인격 성숙에 더 신경을 쓰느냐에 따라 미묘하게 색깔이 달라집니다. 어느 하나를 크게 두고 다른 하나를 작게 여기는, 각자의 사상 체계가 구축되는 것이지요. 그런데 이 책에 아주 흥미로운 부분이 나옵니다.

사상은 개인이나 단체가 가지는 정신 체계를 말한다. 기독교 사상은 기독교인 혹은 기독교 단체가 가지는 정신 체계의 총체를 말한다.

그런데 이와 같은 인간이 가지는 정신 체계는 언제나 단원론적(單元論的, monistic)이요 폐쇄된 체계closed system가 되기 쉽다. 여기서 '사상의 폐쇄성 문제'가 제기된다. 더욱이 진리의 어느 한 부분을 확대시켜서 체계화할 때 그렇다. 하나님 없는 사상은 언제나 그와 같이 되기 마련이다. 왜냐하면 살아 계신 하나님께서 인간 정신에 역사하시지 않는 한 그 인간 정신은 언제나 폐쇄되기 마련이다. 인간은 하나님을 만날 때 비로소 자기를 발견하게 되며, 또 이웃을 발견하게 되기 때문이다. …

그러면 하나님 지식을 그 근본으로 하여 가지는 기독교 사상은 다 이 폐쇄성의 문제를 피하게 되는가? 그렇지 않다. 본래 하나님이 자리를 가지는 사상도 그것이 사상화되고, 하나의 '사고'로서 고착, 확대될 때 그것은 하나의 철학적 사상으로 화하는 것이다. 여기에 기독교가 부단히 그 이지주의를 경계해야 할 필요가 생긴다. 기독교 사상은 폐쇄되지 않도록 주의해야 한다. 그 종교적 대상까지도 사상화할 수 있다. 이것은 인간이 철학적 혹은 과학적 여러 영역을 사상화하여 경제 사상, 정치 사상, 윤리 사상, 예술 사상들을 만들어냄과 같다. 대개 기독교 사상이 단원론적으로 되고 폐쇄적이 되는 것은 부분적 진리를 확대하여 나가는 데서 일어난다. 기독교 전체의 진리를 다 고려할 수 있는 단순한 신앙적 태도만이 '사상의 폐쇄성'을 극복할 수 있을 것이다(14쪽).

폐쇄성 체계가 작동하는 맥락은 이렇습니다. 우리가 신앙적으로 어떤 큰 체험을 하거나 기적을 목도하게 되면, 그 부분을 지나치게 확대해 그것으로 모든 것을 해석하려 하고, 그 과정에서 폐쇄성 체계가 만들어집니다. 그리고 그것은 다른 것을 수납하지 못하는 사고 체계가 되고 맙니다.

이 폐쇄성 체계가 성령의 은사인 방언을 두고도 작동합니다. 방언을 확대 해석한 결과 어떻게 됐습니까? "신자 중에는 구원만 받는 신자와 성령님이 인 치신 신자, 두 계급이 있다. 방언을 못 받은 이 저급한 신자들아, 다 나와서 내 밑에 무릎을 꿇고 이 고참을 받들어 모셔라"라고 윽박지르는 이들까지 등장했습니다. 더 나아가 "구원의 확신이 있습니까, 없습니까? 구원의 확신도 없습니까? 당신이 태어난 날이 있듯이 구원받은 날도 있는 법입니다. 그 날과 그 장소를 기억 못하는 놈은 다 얼치기입니다"라고 얼마나 괄시를 했습니까? 무엇이든 확대 해석하면 폐쇄성 체계가 되고 그것만을 내세워 공격하게 됩니다.

특히, 베뢰아파에서 이런 실수를 많이 저질렀습니다. 베뢰아파 지도자급 중 한 분을 알고 있는데, 이분이 한 교회의 초대를 받아 설교를 하는 중에 "여러분은 죄인이십니까, 의인이십니까?"라고 물었습니다. 우리나라 장로교 신자들은 보통 입이 무겁습니다. 다들 가만히 있었지요. 그러니까 손을 들게 했습니다. "자신을 의인이라고 생각하는 사람은 손을 들어보세요?" 그래도 별로 나서지 않더랍니다. 그런데 "죄인이라고 생각하는 사람은 손을 들어보세요?"라고 했더니 거의 다 손을 들더랍니다. 그때 이분이 핏대를 세운 겁니다. "왜 우리가 죄인입니까? 그럼 예수 그리스도의 구속 사역을 안 믿는 겁니까?" 교인들은 아니라고, 다 믿는다고 했지요. 그랬더니 "그러면 의인이라고 생각하는 사람, 손들라고 했을 때 왜 못 들었습니까?" 다들 묵묵부답이었지요. 그러자 "오늘부터 의인임을 아시고 믿고 그렇게 행동하십시오"라고 결론을 내리고 "아멘" 하고 끝이 났습니다. 그런데 뭔가 개운치 않습니다. 그가 뭘 오해했을까요? 의인과 죄인을 다룰 때는 두 가지 면이 있는데 이를 놓쳤기 때문입니다. 죄인과 의인은 법적으로 갈리기도 하지만, 하나님 자녀의 성숙과 미성숙을 표시할 때도 사용합니다. 사도 바울이 자신을 두고 죄인 중에 괴수라고 했지만, 사도로 한창 활동하고 있는 사람이 괴수일까요? 그렇지 않습니다. 그러나 왜 자신을 죄인 중에 괴수라고 했을까요? 하나님 앞에서 완성되는 시점, 즉 성숙이라는 차원에서 보면, 지금 자신은 푯대를 향해 달려가고 있을 뿐 다 이른 줄로 여기지 않기에 아직 죄인이라는 겁니다. 그런데 어느 한 부분만 강조하면서, 하나의 가치 체계만으로 성경을 폐쇄적으로 체계화하면 별 문제 없는 성도까지 이상한 사람으로 만들 수 있습니다. 이런 함정은 굉장히 많고 또 빠지기도 쉽습니다.

인간이 어떤 내용을 인식하고 이해하려면 이성에 기반을 둔 합리성이 필요한데, 그 합리성은 방금 전 살펴보았듯 폐쇄된 체계 내에서 작동합니다. 이렇듯 인간의 사고 구조는 폐쇄성을 띠고 일관성을 추구할 수밖에 없습니다. 계시를 받아들이는 이성의 역할은 높이 평가해야 하지만, 그 이성이 언제나 스스로 폐쇄성 체계를 세우려는 경향이 있음을 기억해야 합니다.

그런데 문제는, 하나님이 일러주시는 초월적 내용인 계시마저도 이성을 통하지 않고는 받아들일 수 없다는 것입니다. 그러다 보니 이성이 계시와 동등한 권리를 주장하는 경우가 자주 생깁니다. 어떤 물건을 미국에서 한국까지 배에 실어 보낸다고 칩시다. 배 없이는 태평양을 건너지 못합니다. 그렇다고 배가 그 물건은 아닙니다. 배의 역할은 인정해야 하지만 배가 그 물건은 아닌 것이죠. 이 문제가 쉬워 보여도 말처럼 쉽지 않은 이유는, 이성은 받아들인 내용을 곱게 전달하지 않고 언제나 합리성을 바탕으로 사상화하고 체계화하는 버릇이 있기 때문입니다. 그래서 받아들인 내용을 인식하는 과정에서 조미료도 치고 또 뭘 더 섞어서 다른 모양으로 변질시킬 위험이 늘 있습니다. 그러다 보니 이성으로 말미암은 것들이 마치 원래 내용인 것처럼 끼어드는 것입니다. 그러나 이성은 내용을 받아들여 전달하는 기관이지 신학의 내용과 주제는 아닙니다. 이것은 분명히 구별합시다. 기독교 신앙에서 가장 크게 부딪히는 문제가 이것이기 때문입니다. 성경에 계시된 실제 내용과 그 계시를 어떻게 인식했는지가 빈번히 충돌합니다. 나중에 크게 터져 나올 싸움이지만 짧게 말하면 해석의 문제입니다. 성경은 결국 해석 싸움이기 때문입니다. 그럴 때 이런 싸움이 왜 발생하는지를 알아야 합니다. 발생 이유를 모르면 신앙 여정에서 여러분이 직면할 사건들이 근본적으로 어떤 문제 때문에 일어나는지 분별하지 못하게 됩니다.

그럼 계시를 이해하지 말고 그대로 받아들이면 되지 않느냐고 말할 사람도 있겠지만, 그것은 불가능합니다. 계시된 내용은 바통을 패스하듯 넘겨줄 수 없고, 이해라는 과정을 거쳐서만 전달될 수 있기 때문입니다. 해석이 되지 않으면 인간은 인식을 못합니다. 성경은 해석해야 하는 책입니다. 해석하지 않으면 감춰진 책이 된다는 말입니다. 그래서 이성은 그 부작용에도 불구하고 해석하는 기능 때문에 우리에게 아주 중요합니다. 여기서 우리는 이성에 얽힌 여러 복잡한 문제, 우리가 주의해야 하는 점과 꼭 취해야 하는 점이 동전의 양면처럼 붙은 딜레마와 마주하게 됩니다.

폐쇄된 사고와 오픈 마인드

그러면 어떻게 해야 할까요? 폐쇄된 체계를 어떻게 열어야 합니까? 계시로 열어야 합니다. 계시에는 창조가 나오고, 하나님의 존재가 나오고, 보이는 세상만이 아니라 다음 세상이 있다고 이야기합니다. 한 인생을 그릴 때도 태어나서 죽을 때까지로 폐쇄하지 말고 그 이후가 있다고 열어 놓으라는 것입니다. 그렇게 열어두는 사고를 개방 체계open system라 합니다.

이를테면 하나님의 주권과 인간의 자유의지 중 어느 하나만으로 성경 전체를 해석하면 폐쇄성 체계가 탄생합니다. 인간의 자유의지로만 성경 전체를 확대 해석하면 아르미니우스주의가 되고, 하나님의 주권만으로 해석하면 칼뱅주의가 되는 식입니다. 이 두

가지를 신앙적 차원에서 어떻게 포괄하느냐, 즉 서로 어떻게 문호를 개방하느냐가 관건입니다. 하나님의 주권과 인간의 자유의지가 충돌하는 상황에서 하나님의 주권만 강조하면 인간의 자유의지는 점점 사그라지고 맙니다. 대신 인간의 자유의지를 강조하면 하나님의 주권이 옅어지다가 결국 하나님마저 없어집니다.

성경은 이 둘에 대해 뭐라고 이야기합니까? 양쪽을 다 강조합니다. 하나님은 개인의 인생과 세계 역사의 시작이며, 지금도 개입하셔서 당신 뜻대로 결과를 이루어가시는 절대 주권자입니다. 그럼에도 성경은 끊임없이 우리에게 요구합니다. 인간이 선택하고 결심해 주의 말씀에 순종해야 하며, 이를 우리의 책임으로 가르칩니다. 어떻게 이 둘을 조화시키겠습니까? 외나무다리에서 만난 이 둘을 어떻게 하시겠습니까? 둘 다 통과시키셔야 합니다. 그러면 옆에서 질문할지 모릅니다. "둘은 서로 충돌하지 않나요?" 그때 여러분은 "아직 모르시겠지만, 충돌하지 않습니다"라고 말해야 합니다. 그러고는 "바로 그게 신앙이지요"라고 열어 두셔야 합니다.

혹시 상대방을 이해시키지 못해서가 아니라 여러분 스스로가 납득하지 못해서 더 문제이지 않았습니까? 이 둘이 충돌하지 않는다고 스스로 인정하고 사고가 폐쇄되지 않도록 훈련해야 합니다. 열려 있어야 합니다. 또 예를 들어볼까요. 주님이 우리를 구원하시는 것입니까, 우리가 믿어서 구원을 얻는 것입니까? 둘 다입니다. 어떤 사람을 만났는데 그가 "나는 구원받을 만하지 못해, 나는 안 돼"라고 말하면 뭘 강조해야 할까요? 우리가 믿어서 구원을 얻는 것이 아니라 주님의 은혜와 자비로, 예수님이 우리를 위해 십자가를 지셔서 구원을 얻는다는 이야기를 해야 합니다. 반면, 믿는다고 하면서도 뺀질거리며 "난 이미 구원받았는데 뭐"라고 하면 어떻게 답해야 할까요? "차든지 덥든지 해야지 그렇지 않으면 뱉어내신데"라고 해야겠죠. 링컨이 말한 방식대로 하자는 겁니다. 링컨이 판사 앞에서 "이 원고가 옳습니다"라고 말하자, 판사가 묻습니다. "아니, 링컨 변호사. 아침에는 피고 편을 들어 이기지 않았습니까?" "재판장님, 저는 다른 건 모릅니다. 제가 지금 옳다는 것밖에는 모릅니다." 이것이 개방 체계입니다.

영어 표현 중에 우리가 자주 오해하는 말이 있습니다. 바로 '오픈 마인드open mind'입니다. 흔히들 '열린 마음'이라고 표현하는데, 여기서 마인드는 가슴이 아니라 머리입니다. 그런데 우리나라 사람들의 마음은 가슴heart에 있습니다. 하지만 서구 사회의 마인드는 이성reason입니다. 생각하는 곳입니다. 그래서 마음을 가리킬 때 가슴이 아닌 뇌를 가리킵니다. 우리는 "마음을 여십시오"라고 하면 "따지지 말고 그냥 꿀꺽 삼켜달라"는 뜻으로 받아들입니다. "좋은 게 좋은 거다. 너도 복 받고 나도 복 받고, 누이 좋고 매부 좋은 거다. 예수님 좋고 너 좋자는데, 왜 그래"라는 의미로 쓰입니다. 하지만 실제 뜻은 "당신이 생각하듯 모든 존재와 진리가 그렇게 단순한 것은 아닙니다. 안 보이는 세계가 있습니다. 당신의 사고 체계 속에 웅크리고 앉아 그 밖에 있는, 더 넓고 영원하며 초월적인 진실들에 눈을 감으면 안 됩니다"라는 말입니다. 이것이 개방 체계이며, "당신이 아는 것이 전부라고 생각해서는 안 된다"는 도전입니다.

여기까지를 간단히 요약해봅시다. 개방 체계와 폐쇄성 체계를 언급한 이유는 이성을 다룰 때 우리가 가장 조심해야 할 점이기 때문입니다. 우리가 계시된 내용을 인식하려면 이성을 통할 수밖에 없는데, 이 이성이라는 녀석이 통로나 운반 수단으로 끝나지 않고 스스로를 사상화하는 버릇이 있습니다. 비록 우리의 이해를 돕기 위해 스스로를 사상화한다지만, 그 결과 폐쇄된 사고 체계를 구축하고 고집하는 습관도 같이 나타납니다. 이것을 경계해야 합니다. 이성이 계시된 내용의 전체 균형과 조화를 깨는 짓을 하게 내버려둬서는 안 됩니다. 이성은 언제나 계시된 전체 내용 중에 일부를 고집하고 한쪽만을 확대 해석해 폐쇄적이고 단원론적인 사고 체계를 굳히고 싶어 합니다. 이를 피하려는 시도가 개방 체계입니다. 어떻게 개방 체계를 확보할 수 있을까요? 내가 크게 감동하고 내 입맛에 맞는 것들과 계시된 전체 내용을 비교해서 내가 좋아하는 것만으로 전체를 해석하려는 태도를 경계해야 합니다. 이성은 늘 우리를 폐쇄적이고 단원적으로 몰아가므로 이를 극복하려는 자세를 늘 유지해야 합니다. 그러면 하나님의 주권과 인간의 자유의지가 충돌하지 않습니다. 충돌이라고 느끼게 하는 생각 자체를 몰아내십시오. 바로 그곳이 기독교 신앙이 서야 하는 지점입니다.

이성의 한계와 기적의 힘

여기서 이성의 또 다른 문제로 넘어가봅시다. 이성의 한계와 특징을 조금 다른 차원에서 살펴보려 합니다. 이를 가장 잘 제시한 이가 임마누엘 칸트입니다. 칸트의 저작 중 《순수이성비판》(아카넷)은 이성이 무엇인지를 세밀하게 보여줍니다. 이성의 기능과 특성, 한계까지를 잘 기술하고 있습니다. 이성은 전지전능하지 않습니다. 이성도 어떤 제반 조건이 없으면 기능을 발휘하지 못하는 제한된 기관입니다. 이성에 필요한 조건은 공간과 시간인데, 이것을 수반하지 않으면 제대로 그 기능을 발휘하지 못합니다.

예를 들어 피아노가 앞에 있으면 우리는 그 사실을 시각으로 감지합니다. 여기서 시각은 시력 감각입니다. 그런데 시력이 아무리 좋아도 빛이 없으면 피아노를 볼 수 없습니다. 시력이 있어야 사물을 볼 수 있지만 시력만으로는 불가능합니다. 사물이 빛나지 않거나 빛이 그 사물을 비추지 않으면 시력은 그 기능을 발휘하지 못합니다. 이성이 갖는 한계도 이와 같습니다. 이성이 그 기능을 발휘하려면 공간이 있어야 합니다. 공간이 없으면 우리는 감을 못 잡고 이해도 못합니다. 더 쉬운 예를 들어봅시다. "나 어제 미국 갔다." "어제 나랑 극장 갔으면서 무슨 미국이야?" 말이 안 되죠. 사람이 동시에 다른 곳에 있을 수 없을뿐더러 이성은 이를 용납하지 않습니다. 알리바이라는 게 뭘까요? 인간은 동시에 두 군데 있을 수 없다는 부재 증명입니다. 이성은 이런 조건이 충족돼야 작동합니다. 더불어 시간이라는 조건이 있어야 인간의 이성은 제대로 그 기능을 발휘합니다. 사건이 순차적으로 연속되어야만 그 내용을 이해할 수 있습니다. 언어학적으로 표현하면, 공간은 수의 개념이고 시간은 시제 개념입니다. "나는 내일 미국에 있었다"처럼 시제가 맞지 않아도 우리는 이해하기 어렵습니다. 이를 바탕으로 칸트는 《순수이성비판》에서 3대 유신논증을 논박합니다.

먼저, 존재론적 논증은 "당신이 무엇에 대해 생각할 수 있는 것은 그것이 존재하기 때문이다"라고 주장합니다. 신에 대한 생각은 신이 있기 때문에 가능하다는 것입니다. 마치 물건이 있으면 그림자가 따르는 것과 같습니다. 어떤 논박이 가능할까요? 스핑크스를 떠올려봅시다. 얼굴은 사람이고 몸은 사자죠. 사람이 생각해낸 상상의 동물입니다. 실제 존재하는지요? 아니지요. 우리가 무엇을 생각한다고 해서 그것이 꼭 실제 존재에서 파생하는 것은 아닙니다. 그러니까 우리가 어떤 생각을 할 때는 그것이 있을지 모른다는 가능성이나 있으면 좋겠다는 소망에 기반을 두기도 합니다. 이는 증명과는 차원이 다른 이야기입니다. 내 주머니에 500원이 있으면 좋겠다는 것과 내 주머니에 500원이 있는 것과는 다른 이야기입니다. 소망과 증명을 오해한 경우입니다.

다음은 제1원인설로, 어떤 존재가 있다면 그것을 발생시킨 원인이 있고, 그 원인은 또 다시 그보다 앞선 원인의 결과이며, 그래서 마지막까지 추적해 나온 제1원인, 절대 원인, 부동의 동자un-moved mover가 신이라는 논리입니다. 이에 대한 반론은 이렇습니다. "그것은 그래야 한다는 필연성이다. 필연성 증명은 존재 증명이 아니다." 어떤가요? 내가 아침에 100만 원을 들고 나가서 50만 원을 썼으니 지갑에 50만 원이 있어야 한다는 것은 필연성 문제이지 지갑에 정말 50만 원이 있는지는 다른 문제입니다. "집에 와서 열어봤더니 한 푼도 없더라. 나는 100만 원을 가지고 나갔다. 50만 원밖에 쓴 게 없다. 왜 지갑에 50만 원이 없냐? 있어야 한다. 나는 있는 것으로 믿는다." 이런다고 50만 원이 생길까요? "나는 착하다, 나는 성실하다, 정직하다, 잘살아야 한다, 그것이 하나님의 법이다. 그런데 왜 나는 이렇게 사나?" 그래야 한다는 필연성을 증명할 수는 있어도 사실 증명은 아니라는 말입니다.

마지막은 목적론적 유신논증입니다. 모든 사물이 목적에 맞게 이루어진 것을 보라는 것입니다. 토끼의 귀가 크고, 사자의 발이 빠른 것은 다 우연이 아니라 어떤 창조주가 의도를 가지고 이성적 안목으로 조성했다는 논리입니다. 하지만 이 논리 역시 그런 분이 있을 것이라는 가능성에 관한 증명은 되지 않습니다.

칸트는 이런 방식으로 3대 유신논증을 깨뜨립니다. 그러면서 앞서 이야기한 순수이성비판을 하는 겁니다. 하나님이 계시다 안 계시다를 논증하기 전에 하나님이 계시다 해도 우리가 인식할 수 있는지부터 따져야 한다는 것입니다. 이것이 칸트가 《순수이성비판》에서 강조하는 것입니다.

이성은 공간과 시간이라는 조건이 갖춰지지 않으면 어떤 실체를 제대로 파악하거나 인식하지 못한다는 사실이 분명해졌습니다. 그 안에서만 제대로 작동하는 기능인 셈이죠. 그런데 하나님은 어떤 분입니까? 초월자입니다. 무엇을 초월해 계십니까? 시간과 공간을 초월해 그 밖에 계신 분입니다. 시간과 공간을 조건으로 삼아야만 그 기능을 발휘하는 이성이 어떻게 시공간을 초월한 분을 포착할 수 있을까요? 불가능합니다. 그래서 《순수이성비판》은 인간이 이성으로 하나님을 포착하고 인식하는 것은 불가능하다고 결론 내립니다.

여기서 짚고 넘어가야 할 것이 있습니다. 하나님이 자신을 계시하실 때 우리가 이해할 수 있도록 이성이라는 기관을 사용하셨다는 것입니다. 우리에게 자신을 인식시키기 위해 우리가 이해할 수 있는 모양으로 스스로를 나타내고 계십니다. 바로 성경이 그렇습니다. 성경은 하나님에 대한 계시인데 문자로 기록되어 있습니다. 그 문자는 하나님의 문자가 아니라 인간의 문자입니다. 우리의 이해를 돕기 위해 하나님이 우리의 문자 안으로 들어오셨지만, 그 문자나 이성은 초월을 있는 그대로 포착하고 드러내기에는 절대적으로 부족한 도구입니다. 하지만 그 속에서 하나님이 그분을 펼쳐 보이셨기 때문에 이를 어떻게 해석하고 이해할지를 제대로 배워야 합니다. 학문적 차원이 아니라 우리가 늘 강조하는 성령의 조명이 필요한 것이지요. 여기서 성령의 도우심이 왜 필요한지가 분명해집니다.

그런데 성경은 정말 흥미로운 책입니다. 우리가 가진 이성이나 문자 같은 도구로는 증명이 불가능한 하나님이라는 존재를 그 제한 조건 안에서 가장 멋지게 증명하고 있으니까요. 앞서 이야기했듯이 이성은 시간과 공간이라는 조건이 갖춰져야 그 기능을 발휘하는데, 하나님은 이 둘을 초월해 계시므로 이성으로는 포착할 방법이 없습니다. 그럼에도 하나님은 그분을 시공간 안에 펼치셔서 우리로 하여금 그분을 알게 하십니다. 초월자를 인식하게 하십니다. 초월하지 않고 유한 속에서 그분을 표현해 초월을 나타내십니다. 어떻게 가능할까요?

성경의 기적은 두 가지 유형으로 나뉩니다. 시간 아니면 공간을 초월하는 것입니다. 유한 속으로 들어오신 하나님은 시간과 공간을 초월하는 기적을 보여주면서 그분이 초월자임을 알려주십니다. 바다 위를 걷고, 홍해를 가르고, 지진이 난다는 것은 일종의 공간 초월입니다. 시간 초월은 예언입니다. 인간은 하나 다음에 둘, 그 다음에 셋, 넷으로밖에 나아가지 못합니다. 원인과 결과가 맞물리면서 전진합니다. 하나님은 그 중간을 도약해 수백 년 후를 말씀하십니다. 시간을 초월하십니다. 자신이 초월자이심을 드러내십니다. 이성으로는 인식할 수 없는 초월을 그 한계 내에서 우리에게 보여주십니다. 하나님은 인간의 이성을 사용하시지만 그 이성을 폐쇄된 체계로만 쓰시지 않습니다. 도리어 우리의 이성이 개방 체계가 되도록 여러 증거를 보여주면서 그쪽으로 우리를 인도하십니다.

기적 때문에 우리가 얼마나 많은 폐쇄적 사고에서 벗어났습니까? 많은 불신자들도 '기적을 목도하고' 신자가 됩니다. 기적을 보면 무엇이 깨질까요? 보이는 것이 보이는 것으로 말미암은 것이 아니라는 사실을 깨닫게 됩니다. 바로 그 한계가 깨집니다. '하나님이 어디 있어'라는 생각이 깨집니다. 시공간의 초월을 목격하면서 '아, 분명 누군가 계시는구나'라는 생각과 함께 폐쇄된 마음 closed mind이 열린 마음open mind으로 일대 변화를 겪게 됩니다.

자유주의와 근본주의

이성이 신학의 주제나 내용으로 섞여 들어가서는 안 되는 이유를 거듭 살펴보았습니다. 하지만 신학의 방법으로는 도입할 수밖에 없습니다. 학문하는 방법으로 이성을 배제할 수 없기 때문입니다. 어쨌든 인간은 합리성을 바탕으로 사상 체계를 구축해야만 무언가를 설명하고 이해하는 폭을 넓힐 수 있습니다. 바로 그때, 이성이 그의 범위 안에서 무언가의 존재 유무를 결정하고 이를 근거로 자신의 권리를 주장하도록 끌려가서는 안 됩니다. 여기까지 오는 데 이렇게 오래 걸립니다. 이성이 존재 유무를 판단하는 자리에 서서 재판관 노릇을 하면 그날로 신학은 망합니다. "내가 볼 수 없는 것은 없는 것이다. 내가 볼 수 있는 것만 있는 것이다." 이렇게 되면 신학이 전부 이성의 손아귀로 들어가고 계시된 내용도 이성에 의해 재단됩니다. 이성이 계시를 취사선택하는 권리를 갖게 됩니다. 이를 조심 또 조심해야 합니다.

신학을 공부하다 만나는 가장 무서운 함정이 근본주의와 자유주의입니다. 지금까지 논의한 차원에서 근본주의를 간단히 정리하면 해석을 금지하자는 것입니다. 이성은 내용물을 운반만 하라는 것이죠. 그러면 자유주의는 무엇일까요? 받아들일 것과 받아들일 수 없는 것을 이성으로 하여금 선택하게 만드는 것입니다. 이성이 판단해서 선택권을 가지는 것이지요. 이것이 자유주의입니다. 그 결과 신학은 고도의 합리적 폐쇄성을 갖게 됩니다. "사람이 어떻게 죽었다가 부활할 수 있습니까, 생각을 해봐라" 하고 질문하고 "기절했었겠지"라고 답합니다. 이성만으로 따지면 이 이상 무슨 각본이 나올 수 있겠습니까? "어떻게 바다를 걸어요? 둑을 걸었겠지요. 그런데 제자들이 왜 그렇게 썼냐면, 예수님이 가르치신 내용의 고상함과 중요성을 상대에게 각인시키기 위해 각본을 쓴 것이지요. 그리고 예수님이 꼭 다시 살아나야 하는 게 아니라 그런 마음을 갖고 살자는 게 부활입니다. 예수님이 다시 사셔서 하나님 오른편에 갔는지 왼편에 갔는지가 중요한 게 아니라, 예수는 죽었지만 우리가 그 신앙을 되살려서 오늘날까지 이렇게 전하는 것이 부활 아니겠어요?"라고 말합니다. 이것이 신신학新神學입니다. 자유주의라는 한계 속에서 계시를 이렇게 변형해 받아들이는 것입니다.

반면에 근본주의는 우리 한계를 벗어나는 부분, 이성으로는 포착할 수 없는 부분을 신앙의 눈으로 들여다봐야 한다는 주장을 거부합니다. 나타난 대로만 하자는 것입니다. 간단히 말하면 세례냐 침례냐를 따지지 말고 했던 그대로 하자는 것입니다. 이런 태도는 계시가 지닌 풍성함을 가로막고 주된 내용이 무엇인지를 파악하지 못하게 방해합니다. 근본주의란 쉽게 말해 A라는 내용은 A라는 모습으로만 나타난다는 말입니다. 참된 신앙은 주일에 교회 빠지지 않고 열심히 성경 보고 기도하는 모습으로만 나타나며 다른 모습으로는 나타나지 않는다는 것입니다. 그래서 예수님이 세리와 식사하고, 죄인의 집에 찾아가는 행동을 용납할 수 없는 것이지요.

계시는 초월적 내용이지만 초월자가 유한한 시공간으로 보내와 우리에게 전달한 것입니다. 우리가 인식할 수 있도록 이성의 영역으로 보내온 것이지요. 그렇다고 그 내용이 이성의 한계 안에 제한되어서는 안 됩니다. 계시를 이성의 영역에만 가둔다면 그것이 바로 자유주의 신학입니다. 우리가 인식할 수 있도록 이성의 영역으로 보내온 것을, 이성의 영역에 갇힌 무언가로 축소하는 것은 완전히 오류를 범하는 것입니다.

초월적 내용이기 때문에 그렇습니다. 성경의 사건과 내용, 표현은 전부 우리가 이해할 수 있는 것들입니다. 특정한 시공간에서 벌어진 일들이며, 해석 가능한 문자와 문화, 역사로 이루어져 있습니다. 하지만 그 안에는 시공을 초월하는 기적이 가득합니다. 이 초월적인 내용을 분명히 하려고 이스라엘의 민족 종교로 격하시킬 수 없습니다. 왜 격하시킵니까? 우리가 인식할 수 있는 영역 속으로 들어왔다고 해서 내용 자체를 그 영역에 제한해서는 안 됩니다. 그래서는 계시가 원래 품고 있는 내용을 온전히 복원할 수 없습니다. 계시를 이성으로 이해할 수 있는 영역 내로만 제한하지 말자는 것입니다.

이제 결론을 내립시다. 이 장에서 제일 중요한 내용은 '이성이 무엇인가'라는 것입니다. 이성이 어떤 한계를 지니며 또 무슨 버릇이 있는지를 살펴보았습니다. 이성에 대해 조심해야 할 것은 이성이 가진 운반 기능은 인정하되 운반하는 내용과 운반선을 혼동하지 말아야 합니다. 그런데 이성은 운반할 뿐만 아니라 내용을 가공합니다. 심지어 이성은 자기가 인식하지 못하는 것은 '없다'고까지 합니다. 많은 불신자들이 주장하는 방식입니다. 하나님을 인식할 수도 포착할 수도 없으니 존재하지 않는다고 주장합니다. 이는 앞을 못 보는 사람이 세상은 없다고 하는 것과 같습니다. 눈이 좋아서 먼 데 있는 것을 보면 존재한다고 인정하고, 눈이 나빠서 먼 데를 못 보면 "난 못 봤다, 그러니까 없다"라고 말합니다. 이것이 과연 바른 생각일까요?

계시에 대해서도 배웠습니다. 계시는 예수님이 성육신하셨듯이, 초월적 내용이 우리에게 인식되기 위해 우리가 이해할 수 있는 모양으로 전달된 것입니다. 이 사실을 놓치지 마십시오. 이를 간과하면 계시를 이성의 영역에 가둔 채 해석하는 사태가 발생할 수 있습니다. 여기서 해석의 문제가 발생합니다. 계시, 이성, 그 다음에 해석으로 갑니다.

다시 말하지만 계시는 원래 초월적 내용이지만, 우리가 이해하고 인지할 수 있도록 이성의 영역 안으로 들어온 것입니다. 이스라엘 역사로, 필요하다면 하나님이 인간 앞에 현현하신 것입니다. 우리 시각과 청각을 비롯한 감각에 와닿도록 말이죠. 아이러니하지만 그래야만 우리가 계시의 참다운 내용을 찾아낼 수 있습니다. 이 때 제대로 해석하지 못하고 폐쇄된 체계를 작동시키면 앞서 언급한 신신학으로 가고 맙니다. 이 갈림길을 꼭 기억하시기 바랍니다.

3

계시적 ——
사고란 ——
무엇인가 ——

이성과 관련하여 한 가지 더 생각해볼 문제는 이성이 무엇을 인식하려면 그 내용을 가시화해야 한다는 것입니다. 이성은 내용이 합리적으로 파악되지 않으면, 즉 합리성이 없으면 인식 불능 상태에 빠집니다. 그러니 계시의 내용이 초월에 관한 것이라 해도 합리성이라는 껍데기를 입지 않으면 이성은 이를 인식할 수 없습니다. 이성이 초월을 품은 계시를 알 수 있도록 어떻게든 가시화, 합리화해줘야 합니다. 다른 말로 형상화 작업이 꼭 필요합니다.

예를 들어, 추상명사를 한번 생각해봅시다. 여러분은 '사랑'을 처음에 어떻게 이해하고 알게 됐습니까? 애니 설리번 선생이 헬렌 켈러를 가르칠 때 가장 애먹었다는 게 바로 이 추상명사입니다. 시각과 청각이 정상인 사람에게도 어려운 일인데, 보고 듣지 못하는 헬렌 켈러에게는 더더욱 어려운 일이었지요. 왜 그렇습니까? 추상 개념이 어떤 구체적 형상을 입고 표현될 때 헬렌 켈러에게는 이를 감지할 기능이 없었기 때문입니다. 사랑에는 형태가 없지만, 이를 형상화한 사건은 목격할 수 있습니다. 이를테면 추운 겨울날 한 아버지가 자기 몸이 얼고 동상에 걸릴지라도 겉옷을 벗어 아이를 감싸는 모습을 보면서 우리는 사랑을 알게 됩니다. 자기를 돌보지 않고 타인을 위하는 모습을 보면서, 비로소 우리는 사랑이라는 '개념'을 인식하게 됩니다. 이와 마찬가지로 이성이 계시를 인식하고 이해하려면 그 내용이 가시적으로 들어와야 합니다. 눈에 보이는 형태로 다가오지 않으면 이성은 그 내용물을 인식하지 못합니다. 그런데 초월이 어떤 형태를 입고 가시적으로 제시되면 그것은 이미 초월이 아닌 게 되고 맙니다. 여기서 한 가지 문제가 생깁니다. 계시가 우리에게 인식되기 위해 어떤 형태를 취한 것과 원래 우리 이성의 한계 내에 있는 것들을 혼동할 가능성이 생깁니다. 이것은 굉장히 중요합니다. 이 문제를 풀어야 앞으로 할 모든 이야기가 프리즘 효과를 갖습니다.

이성에 포획된 계시

이성이라는 기관을 오해해서는 안 됩니다. 우리는 이성을 통해 계시를 인식할 수밖에 없고 또 그렇게 해왔습니다. 그런데 이렇게 되자 이성 자신이 계시를 캐냈다고 이야기할 여지가 생겼습니다. 이성 자신이 만든 작품이라면서, 계시의 내용을 그대로 전달하는 것이 아니라 형태는 같지만 그 내용은 달리해서 전할 가능성이 생겼습니다. 미국에서 한국으로 옥수수를 보내는데 '배'로 보냈다고 방점을 엉뚱한 데 찍는 식입니다. 다시 한 번 강조하지만 옥수수를 보냈지, 배를 보낸 것이 아닙니다.

예를 하나 들어봅시다. 불신자 중에 기독교를 잘 알지 못하지만 기독교에 호의적인 사람들이 있습니다. 그들이 무엇 때문에 호의적 반응을 보입니까? 최소한 어떤 의미에서 기독교의 가치를 인정하기 때문입니다. 그중 하나가 그리스도인들이 윤리적으로 선하다는 것입니다. 그런데 예수 믿는 사람들이 왜 선량합니까? 선한 것이 옳아서 추구한다기보다, 하나님이 선하시기 때문에 그를 따르고 본받으면서 자연스럽게 선해집니다. 선은 목표도 내용도 아닙니다. 부산물입니다. "아버지의 온전하심과 같이 너희도 온전하라"(마 5:48)라는 말씀에 따르는 것입니다. 우리의 선한 모습은 아버지를 본받고 그 모습을 따르면서 생긴 부수적 결과이지 선을 힘써 추구해 얻은 결과는 아닙니다.

"하나님을 닮자, 하나님의 온전하심을 본받자"는 말은 하나님은 선하시고 의로우시다는 합리성으로 뒷받침되어야만 납득할 만한 주장이 됩니다. 이런 바탕 없이 "그냥 하나님을 본받자"라고 하면 고개를 갸우뚱하면서 '도대체 왜?'라는 마음이 절로 생깁니다. 하나님이 선하시고 의로우시기 때문이라고 해야 비로소 고개를 끄덕입니다. 윤리나 도덕에서 선과 의는 그 자체로 가치가 있습니다. 그러니까 신자가 하나님의 온전하심을 본받으면서 선과 의를 추적하는 것과 비신자가 인격 개발과 완성을 위해 선과 의를 최고의 도덕률로 놓고 추적하는 것은 쉽게 혼동할 수 있습니다.

이처럼 이성은 신학의 근간이 되는 내용을 자기가 제시했다고 고집부릴 수 있습니다. 선하고 의롭다는 가치를 이성이 발견하고 취사선택해 제시했다고 말합니다. 그 가치를 자기가 내놨다고 합니다. 이는 앞으로 중요한 문제가 됩니다.

여기서는 불트만의 신학을 예로 들어 이야기해봅시다. 신신학의 가장 주된 흐름은 기독교란 결국 히브리 민족의 민족 종교였다는 것입니다. 그런데 민족 종교에 불과한 기독교가 어떻게 온 세계로 퍼져나갔을까요. 다른 어떤 민족 종교보다 뛰어나서라고 설명합니다. 그러면서 해석하기를 실제로 하나님이 계신 것도, 예수가 계신 것도 아니며, 예수가 하나님의 아들도 아니며 부활하지도 않았다고 합니다. 그 대신 인간의 존엄성을 비롯해 인간을 인간되게 하는 고상한 목표들을 설정하고 인간을 더 나은 인격체로 이끄는 종교의 목적과 가치에서 히브리 민족이 제일 뛰어났다고 평가합니다. 인간에게 선을 행하라, 의를 행하라, 긍휼을 베풀어라, 이웃을 사랑하라는 덕목은 인류 누구나 필요로 하는 가치인데, 유대교가 이를 가장 잘 구현해냈다고 주장합니다. 그래서 더 널리 받아들여졌다는 것입니다.

인간에게 사랑과 의와 거룩함을 추구해야 하는 이유를 납득시키는 일은 상당히 어렵습니다. 이것들이 필요하다고 깨닫는 때는 보통 한참 후입니다. 왜 공부해야 하는지 모르다가 정작 써먹어야 할 때 깨닫는 것과 비슷합니다. 언제 어디서 쓰일지 모르면서 준비해야 하기 때문에 공부의 필요성을 납득시키기 어렵습니다. 그래서 미리 그 가치와 중요성을 알려주고 준비시키는 부모와 교사가 칭송을 받습니다. 마찬가지로 인간이 윤리적으로 고상한 차원에 이르도록 미리 그 가치를 습득시키는 역할은 무척 중요합니다. 종교는 상벌 개념을 주로 이용해 이를 수행합니다. 죄를 지으면 하늘이 벌하고 착한 일을 하면 상을 준다는 믿음입니다. 이렇게 가르치는 종교는 어느 민족에게나 있지만 너무 낮은 수준이어서 널리 받아들여지지 않았는데, 히브리인들은 그 가르침을 진짜 같은 종교로 만들어놨다는 것입니다. 그러니까 여호와 하나님이 진짜 있는 것이 아니라 정말 있는 것처럼 만들어놨다는 것입니다. 철저한 종교적 자세와 높은 윤리적 규범을 누구나 추구하고 유지할 수 있도록 정교하게 설계해 제시했다는 것입니다. 그래서 홍해를 건넜다는 사건도 실제 건넜다는 의미가 아니라 하나님의 권위와 능력, 공포까지 높이 들어서 하나님이 금하신 것들을 가리키고 이를 통해 미리 죄를 억제하는 효과를 잘 구현했다고 말합니다. 이것이 바로 신신학입니다.

바로 여기가 이성이 끼어드는 지점입니다. 어떻게 끼어듭니까? 하나님이 홍해 사건에서 계시하신 것은 초월적 내용입니다. 그 사건으로 우리에게 전달하시려는 내용은 우리를 위해 일하시는 하나님께 보답하기 위해 하나님 말씀만을 따라야 한다는, 영적 차원의 고상한 목표입니다. 그런데 우리가 이성을 통해 계시를 받아들이려면 그 내용이 윤리적 차원의 고상한 것들로 제시돼야 합니다.

상벌의 개념도 영생 복락, 기쁨, 많은 자손 같은 것으로 가시화되어서 나타납니다.

그 결과, 어떻게 됩니까? 하나님이 실제로 계시다는 이야기에서 벗어나 윤리적으로 고상한 인격을 갖추라는 이야기로 변할 수 있습니다. 부활마저도 "사람이 어떻게 다시 살 수 있느냐?"며 처음부터 안 죽었다고 주장합니다. 기절설입니다. 계시의 원래 내용은 분명 부활했다고 알려주고 그에 따른 영생을 준비하라는 것인데, 이성이 이를 인간의 고상한 가치로 형태화해 받아들이면서 초월과 초월이 아닌 것이 혼동됩니다. 부활은 주님이 다시 사신 것이 아니라 다시 살아나신 것과 같은 효과를 내는 것이라고 주장합니다. 다시 말해, 주님이 다시 사신 것이 부활이 아니라, 주의 말씀대로 남을 위해 살며, 현재를 사랑하며, 악을 악으로 갚지 않기로 한 사도들의 새로운 신앙적 결심이 참된 부활이 아니겠느냐는 것입니다.

어디서 이런 생각이 왔을까요? 이성이 계시된 내용을 운반하지 않고 계시와 외양은 같지만 자신의 한계 속에 있는 다른 개념을 실어다 놓으면서 발생합니다. 인간에게 인식시키려고 계시를 불가피하게 형태화했는데 이와 동일한 모습을 한 세상의 내용을 제시합니다. 그래서 이성이 신학의 원리에 포함되느니 안 되느니를 두고 싸움이 벌어집니다. 앞으로 성경 해석의 영역으로 들어가면 이 문제가 얼마나 중요한 싸움인지가 더 여실히 드러납니다.

거듭 말씀드리지만 이성은 운반 수단입니다. 계시의 내용을 우리가 알아듣고 이해할 수 있도록 옮겨주는 수송 수단입니다. 수송하기 위해 어떤 형태를 띨 수밖에 없는데, '이런 형태를 취할 수밖에 없었구나'라고 이해해야지, 우리가 경험한 다른 비슷한 것으로 내용물을 바꿔버리면 큰일 납니다. 그것이 신신학입니다. 신신학은 신학의 원리를 계시가 아니라 이성으로 봅니다. 바로 이 지점에서 자유주의 신학과 보수 신학은 결정적으로 갈라집니다.

계시적 사고와 이성적 사고

계시는 인간이 알 수 있는 형태로 제시되는데, 이성은 이를 해석해야 하는 문제와 맞닥뜨립니다. 왜 이런 모습으로 제시되었는지, 그 내용이 무엇인지를 해석하는 것이 가장 중요한 싸움입니다. 이를테면 아들에게 자기 옷을 벗어서 입혀주는 아버지의 모습에서, 옷을 벗어 입혀주는 '형태'를 보고 그 안에 들어 있는 '내용'인 사랑을 해석해내야 합니다. 같은 아버지가 며칠 뒤 아들을 때릴 수도 있습니다. 형태는 정반대이지만 내용은 같은 사랑일 수 있습니다. 이를 해석할 수 있어야 합니다. 그러므로 계시는 해석이 필요한데, 해석하는 법칙은 성경 안에 있습니다. 조금 전에 말씀드렸듯이 형태는 같지만 내용은 다른 것들을 구별해낼 줄 알아야 합니다.

여기서 우리의 사고를 둘로 나눠봅시다. 먼저 계시적 사고라는 말을 하나 만듭시다. 2장에서 말한 개방 체계입니다. 박윤선 목사님은 이를 '계시 의존적 사색'이라고 했습니다. 이와 반대되는 말을 이성적 사고라 합시다. 폐쇄적 체계에 해당합니다. 둘의 가장 큰 차이가 무엇일까요? 계시 의존적 사색은 계시된 내용을 이성의 방법, 즉 합리성에 기초해 인식하고 논리를 따라가지만 상호 모순되거나 충돌하는 내용이 나와도 가감하지 않으며, 성경이 가라는 데까지 가고 가지 말라는 데서 멈추는 방식입니다. 반면, 이성적 사고는 합리성을 위해서라면 내용을 가감할 권리가 있다고 주장합니다. 이성 자체가 내용을 제시하지는 않지만 내용을 내놓는 것과 동일한 역할을 한다는 말입니다. 그래서 계시된 내용을 다른 것으로 대체하거나 변질시킬 수도 있기 때문에 그토록 끈질긴 싸움이 발생하는 것입니다.

하지만 어쨌든 인간에게 가장 보편적인 사고 방법은 이성적 사고입니다. 초월은 인간이 감지할 수도 없고 일상에서 자주 만날 수도 없기 때문에 이에 대한 경험은 거의 전무한 셈입니다. 사실상 이성이 초월의 내용을 취사선택할 때 기준이 될 만한 경험이 거의 없습니다. 그러므로 이성은 정당한 기준이 아니라 편향된 취향에 의존해 초월의 특정 내용을 배격하거나 좋아해도 이마저 모를 위험성이 있습니다.

이성적 사고를 더 잘 이해하기 위해 예를 하나 들어봅시다. 예수 믿지 않는 사람에게 "하나님이 계실까요, 안 계실까요?"라고 질문하면 보통 "있을지도 모르죠"라고 대답합니다. 이유는 간단합니다. 인간이 모든 것을 다 알 수는 없으니까요. 하지만 "있을지도 모른다"는 대답은 있다와 없다의 중간 지점이 아니라 없다 쪽에 기운 것입니다. 왜냐하면 이성은 없는 쪽밖에 경험해보지 못했기 때문입니다. 경험한 적도 없는데 어떻게 그 중간에서 방황할 수 있을까요? 어떤 영혼이 그 가운데서 방황하고 있다면 그 사람은 벌써 거듭난 사람일 가능성이 높습니다. 신앙으로 갈등하면서 "나 이렇게 믿다가 지옥 가는 거 아닐까?"라고 묻는다면 벌써 구원을 받은 상태라는 반증입니다. 거듭나지 않고서는 하나님에 대한 감각이 있을 수 없습니다.

다른 대표적 예가 진화론과 창조론입니다. 학문적 차원에서는 둘 다 가능성이 50퍼센트입니다. 그런데 사람들은 진화론도 있고 창조론도 있다고 가르치지 않고, 진화론만 가르치면서 창조론은 말도 안 된다고 합니다. 창조론 쪽은 원래 경험할 수 없는 영역입니다. 인식되지 않는 영역이죠. 그러니까 투표용지에 진화론과 창조론이라는 선택지가 아니라 진화론과 여백만 있습니다. 이처럼 간단한 예를 통해서도 이성적 사고가 우리에게 얼마나 보편적이며 다른 선택의 여지를 주지 않는 사고 형태인지를 알 수 있습니다.

이러한 사고는 특히 그리스식 사고방식에서 유래합니다. 인류의 사고 형태는 크게 헤브라이즘과 헬레니즘이라는 양대 산맥으로 나눕니다. 잘 아시는 대로 헤브라이즘은 유신론이고 헬레니즘은 범신론입니다. 헬레니즘의 가장 중요한 점, 즉 그리스식 사고방식의 특징은 진리 추구와 이를 논리적으로 설명하려는 태도입니다. 그래서 지각되는 사실과 객관적 논증을 동일시합니다. 가령 저쪽에 피아노가 있다고 지각했다면 그것을 객관적으로 논증해 확인하는 작업을 함께 발전시켰습니다. 모든 사실은 객관적 논증으로 증명이 되어야만 비로소 사실이 됩니다.

이것이 바로 우리가 잘 아는 과학 정신입니다. 과학이란 일종의 정신적 태도입니다. 좀 더 적극적으로 이야기하면 세상 사람들의 사고방식은 과학적 정신scientific spirit, 즉 "모든 사실은 객관적으로 논증이 가능하다"는 쪽을 지향합니다. 객관적 논증이 되지 않는 것은 사실이 아니라고 여깁니다. 일종의 신앙과도 같습니다. 여기서 우리는 이성이 사실과 진리를 판별하는 최고의 척도라는 사실을 발견할 수 있습니다. 계시가 들어올 틈이 없습니다. 이성이 수송 수단이나 인식 수단이 아니라 사실의 심판자가 되어버렸습니다.

현대 사회에 이 같은 태도가 얼마나 만연한지는 일상 대화에서도 드러납니다. "야, 예수를 믿니? 차라리 내 주먹을 믿어라"라고 말합니다. 얼마나 정당한 표현입니까? 내 주먹은 눈에 보이고 하나님은 안 보이니 당연하게 들립니다. 하지만 말도 안 되는 이야기입니다. 하나님과 자기 주먹을 비교하다니요. 그런데 이 비교가 말이 되고 심지어 주먹이 더 세 보이는 이유는 하나님이 있는지 없는지는 이성으로 알 수 없기 때문입니다. 10원과 0원 중에 무엇이 많습니까? 당연히 10원이 더 많지요. 10원과 10억 원은 비교 대상이지만, 10원과 0원은 있고 없고의 문제입니다. 그래서 차라리 내 주먹을 믿겠다는 말이 무게 있게 다가오고 설득력 있게 들리는 것입니다.

헤브라이즘과 헬레니즘의 결합

흥미롭게도 중세 기독교인들은 헤브라이즘에 헬레니즘을 접목합니다. 그것이 바로 스콜라 철학입니다. 헤브라이즘이 말하는 진리와 절대를 객관적으로 증명해 확인해주고 싶었던 것입니다. 이는 오늘날 기독교인들도 쉽게 빠지는 유혹 중 하나입니다만, 이미 중세 때 저지른 실수이기도 합니다. 우리가 믿는 것이 분명한 진리이며 사실이니까 객관적 논증이 가능하다고 판단하고, 또 그래야 한다고 생각했습니다. 중세 때는 결백을 증명하기 위해 결투를 신청할 수 있었습니다. 눈에 보이는 검술 실력보다 의와 진리를 지키는 하나님의 법칙이 우월하다고 믿었기 때문입니다. 그래서 피고인이 결백하다면 하나님이 그를 이기게 하시리라 믿었습니다. 결국 결투를 통해 죄의 유무를 판단했던 것입니다. 이처럼 스콜라 철학도 결국 목적론을 과도하게 도입한 결과입니다.

목적론이 무엇인지는 약도를 그려보면 쉽게 알 수 있습니다. 약도를 잘 못 그리는 사람은 자기 집으로 오는 길을 이런 식으로 알려줍니다. "거기까지 오면 OO목욕탕이 있어. 목욕탕에서 조금만 내려가면 오른쪽으로 골목이 나오거든, 그 골목으로 들어가서 조금만 더 가면 쌀가게가 있고, 조금 더 가다가 왼쪽 골목으로 꺾은 다음, 그 골목 세 번째 파란색 대문집이 우리 집이야." 그런데 막상 OO목욕탕에서 내려가다 보니 오른쪽으로 골목이 수없이 많아서 몇 번째 골목인지 알 수 없는 상황에 부딪힙니다. 그래서 이 골목 저 골목 들어가보면 쌀가게가 있는 골목이 여럿입니다. 난감

하죠. 그런데 주인은 왜 이렇게 약도를 알려줬을까요? 본인은 목적지를 아니까 어떻게 그려도 자기 집을 찾아올 수 있기 때문입니다. 하지만 목적지를 모르고 약도만 쫓아가는 사람은 어떻게 찾아갑니까? 모든 길이 다 열려 있지 않습니까? 몇 미터를 내려오라고, 몇 걸음 거리라고, 몇 번째 골목이라고 정확히 명시하지 않아서 벌어지는 일입니다. 그런데 정작 약도를 알려준 사람에게는 왜 이 같은 사실이 안 보였을까요? 자기 집 찾아가는데 그런 것들을 굳이 세어볼 필요가 없었던 것이지요.

중세 사람들이 저지른 실수가 이와 같았습니다. 신앙인들은 자신이 설명한 대로 따라가면서 하나님과 절대 진리로 나아갑니다. 하지만 그들의 설명을 객관적으로 추적해보니 그들이 말한 곳이 아닌 엉뚱한 곳으로 향했습니다. 헬레니즘 방법을 도입해 과학적으로 기독교의 표지들을 추적해보니 오히려 신이 없는 쪽으로 향하더란 말입니다. 중세가 와해되고 근·현대로 넘어오면서 바로 이런 이유들 때문에 신신학이 떠오릅니다. 중세 신학의 실패로 현대 신학은 반신앙적 방향으로 흐르게 됩니다. 이성을 과도하게 도입해 헬레니즘 요소들이 들어와 뒤섞이는 결과를 낳습니다.

여러분은 하나님을 어디에서 만났습니까? 누구는 기도원에서도 만나고, 또 누구는 크게 좌절한 가운데서 만나기도 합니다. 그밖에도 수없이 다양한 경우가 있겠지요. 그런데 어떤 사람들은 이렇게 오해합니다. 누군가 그에게 "나는 이렇게 저렇게 해서 중생했다. 너도 그리 해봐라"라고 하면 그대로 따라합니다. 하지만 실패합니다. 저도 어느 기도원에 갔더니 그곳 전도사님이 "저 바위에 올라가서 하룻밤만 철야하면 누구나 방언을 받는다"고 하시더군요. 그런데 저는 방언은 고사하고 류마티스 증상만 심해졌어요. 중생이나 방언을 포함한 모든 것은 은혜입니다. 은혜라는 것은 어떤 원인을 제공한다고 해서 딱 그 결과를 만들어낼 수 없다는 뜻입니다. 그런데 은혜인 줄 모르고 "어떻게 어떻게 했더니 이렇게 됐다"라는 결론을 진리인 양 주장하려고 객관적 논증을 시도합니다. 그런 방식을 고집하다 보니 오히려 초월로 가는 길이 다 막히고 맙니다. 그래서 하나님을 향하지 않고 일반 종교로 빠집니다. 착한 사람을 만드는 단체가 되고 맙니다.

추상적 논쟁이라는 함정

기독교는 원래 생명에 관한 것입니다. 계시를 우리에게 전달하는 유일한 기관이 이성이고, 그 이성에게는 모든 것을 합리화하려는 습성이 있어 계시의 내용 역시 논리적인 것으로 슬쩍슬쩍 바꿉니다. 이런 특성 때문에 우리가 계시를 받아들일 때면, 추상적 차원에서 개념과 논리에 근거해 계시를 추적하려는 유혹을 늘 받습니다. 하지만 계시의 내용이 이성에게 포획되기 위해 합리성이라는 형태를 입더라도 그 내용은 언제나 생명에 관한 것, 인격에 관한 것입니다. 기독교란 생명과 인격, 하나님 아버지와 예수 그리스도에 관한 것입니다. 어떤 추상적 개념에 관한 싸움이 아닙니다. 이 사실만 꽉 붙들어도 이성이 자주 빠지는 함정을 피할 수 있습니다.

　죽어 있는 한 영혼에게 하나님이 자신을 나타내시면 어떤 일이
먼저 일어납니까? 바로 생명입니다. 그 생명이 우리에게는 어떤
경험으로 나타납니까? 회개로 나타납니다. 이는 "유레카, 나는 알
았다"는 외침이 아니라 주 안에서 우리가 어떤 존재인지를 확인
하는 행위입니다. 그래서 생명의 일이며 역동적입니다. 생명이 약
동하는 경험을 하게 됩니다. 그런데 이런 일들이 학문적이고 논리
적이고 개념적인 쪽으로 빠지려고 하면 조심해야 합니다. 생명이
배제된 논리성, 생명의 역동성이 빠진 추상적 논쟁으로만 이어지
면 일단 경계해야 합니다. 인간이 경험하고 소유한 것들을 저장하
고 정리하기 위해서 논리성과 추상성이 필요한 때가 있기도 합니
다. 하지만 그것들은 실체가 아니라, 단지 실체들을 정리해서 쌓
아놓기 위한 일일 뿐입니다. 실체로 주어지는 것은 개념이 아니라
하나님 자신입니다.

　신학에서도 같은 문제가 발생합니다. 미국에서 초기에 대학은
신학을 하기 위한 준비 단계로 교양학부를 만들면서 출발합니다.
그런데 결과적으로 과학적 방법을 도입해 학문을 연구하다 보니
신학의 연구 방법까지도 같은 방향으로 흐릅니다. 결국 신학 연구
의 주제인 계시의 내용도 과학으로 재단해 잘라내고, 대신 그 자
리에 같은 개념의 세상적 내용을 메꾸어넣습니다. 신학교의 학문
이 발전하면 할수록 신앙심은 떨어지고 일반 학교와 다를 바가 없
어집니다.

이 문제는 굉장히 중요합니다. 우리가 신학을 하고 신앙생활을 하면서 이 문제를 확실히 정리하지 못하면 나중에 혼동에 빠질 위험이 아주 큽니다. "논리성을 동원하면서도 신앙을 어떻게 유지할 것인가?"라는 문제에 답을 얻으려면 지금까지의 내용을 이해하고 있어야 합니다. 앞으로 다룰 성경 해석에서도 이 문제는 결정적 기준이 됩니다.

이를테면, "전지전능하신 하나님은 인간이 선악과를 따먹을 줄 아셨을까요?"라는 질문에 어떻게 답해야 할까요? 여러분은 하나님이 인간이 따먹을 줄 알고도 선악과를 만드셨다는 쪽과 따먹을 줄 모르고 만드셨다는 쪽 중에 어느 쪽입니까? 대답을 들어보면, 알지만 만드셨다는 쪽이 많습니다. 하나님의 전지전능을 훨씬 강조하는 의견입니다. 하지만 정답은 오히려 모르셨다는 쪽에 가깝습니다. 왜 가깝다고만 하느냐 하면, 정답이 아니기 때문입니다. 이 문제는 하나님이 모르셨거나 아셨다고 해서 풀리는 문제가 아닙니다. 어쨌든 우리가 지금 이성으로 하나님의 모습을 정리하려 한다는 것이 핵심입니다.

어떤 사람들은 "'하나님이 세상을 이처럼 사랑하사 독생자를 주셨으니 이는 그를 믿는 자마다 멸망하지 않고 영생을 얻게 하려 하심이라'고 했으니, 그러므로 모든 사람은 구원을 얻도록 되어 있다"고 주장합니다. 만인구원설입니다. 여러분은 어떻게 생각하십니까? 틀렸다고 답하는 사람들이 많습니다. 제한속죄설 때문입니다. 그런데 요한복음 3장 16절만 놓고 보면 제한속죄설이 끼어들 틈이 있습니까? 없습니다. 여러분은 전통적 기독교 교육을 받았기 때문에 틀렸다고 답하는 것입니다. 이 문제에서는 여러분이 선악과 문제에서와는 달리 이성의 활동을 스스로 제한하고 있습니다.

이제 남은 문제는 어떤 때는 이성을 그대로 내버려두고, 어떤 때는 가두어두느냐 하는 것입니다. 일관성이 없습니다. 어떤 문제에서는 너무 신앙적이라 거의 근본주의에 가깝고, 또 다른 문제에서는 사정없이 자유주의 쪽으로 기웁니다. 어떻게 그럴 수 있습니까? 여러분이 어떤 전통과 분위기 속에서 신앙교육을 받았는지에 따라 어느 편에 서는지가 결정됩니다. 성경 해석에 대한 일관된 시각이나, 성경이 요구하는 신앙적 시각을 훈련하지 않았다는 증거입니다.

4

권위란 ———

———

무엇인가 ———

이성은 자기가 감지한 것들이 납득돼야 비로소 고개를 끄덕입니
다. 이성은 감지한 것들을 그대로 받아들이지 않고 증명과 설명을
요구합니다. 그런데 성경의 계시는 보통 설명보다는 복종을 요구
합니다. 앞서 말씀드렸듯이 성경의 계시는 하나님이 계신지 안 계
신지에 관한 증명에는 별 관심이 없습니다. 또 세상이 창조된 것
인지 진화한 것인지에 대해서도 어떤 증명이나 설명을 시도하지
않습니다. 그래서 이성과 계시는 그 특성상 충돌할 가능성이 많습
니다. 한쪽은 설명을 주장하고, 다른 한쪽은 권위를 주장하기 때
문입니다. 그래서 이성이 납득을 요구할 때 드러나는 부작용, 즉
나쁜 성품들을 구별해내야 합니다. 그것들을 분리하고 분석해내
야 우리가 계시를 받아들일 때 이성이 맡은 역할과 활동을 제어하
고 제대로 정립할 수 있습니다. 이에 실패하면, 지난 장에서 설명

했듯이 과학에 매몰된 문제들이 발생합니다.

과학이라는 방법론은 객관적이고 절대적 방법론이 아니라 하나의 주장이고 정신이며 심지어 신앙입니다. 이를 도입했을 때 생기는 문제가 계시를 제한하고, 심지어 계시의 적법성을 심판하는 권위까지 과학에 부여합니다. 신학도 학문인지라 과학적 방법론을 수용할 수밖에 없었고, 그 결과 학문 쪽으로 너무 기울어 신앙에서 멀어지는 현상도 이미 살펴보았습니다. 이 모두는 이성이 납득을 요구하기 때문입니다. 그래서 설명과 납득보다 복종을 요구하는 권위와도 충돌합니다. 하지만 이성의 이런 주장에는 자기 위치를 벗어난 면이 있으며, 이성과 계시에 대한 굴절된 시각을 파헤쳐 둘이 충돌하는 지점이 사실은 그렇지 않음을 밝히려 합니다. 그래서 이번 장에서는 계시라는 논점에서 약간 곁가지로 빠지지만, 이를 이해하는 데 필수인 권위를 살펴보겠습니다. 권위란 무엇이며, 왜 필요한지에 대해 이야기를 시작해봅시다.

오염된 권위

우선, 권위의 반대 개념이 무엇입니까? 현대인들은 권위의 반대 개념으로 무엇을 떠올립니까? 흔히들 자유를 말합니다. 우리가 아는 성경의 개념 중에서 '인간의 자유의지'에 반대되는 것, 하면 무엇이 튀어나옵니까? '하나님의 절대주권'이 자동으로 나옵니다. 이처럼 권위의 반대말로는 당연히 '자유'가 떠오릅니다. 왜 그럴까요? 왜 권위의 반대말이 자유일까요? 자유는 원래 속박이나 구속의 반대말입니다. 그러니까 왜 권위는 자유의 반대말인 속박이나 구속과 동의어로 이해될까요? 권위는 속박이나 구속과는 전혀 다른데 왜 같은 의미로 우리에게 다가오느냐는 것입니다.

특히 현대인은 권위를 강요된 제한fixed limit으로 이해합니다. 우리 의사와 상관없이 어떤 힘 있는 자에 의해 강압적으로 가해진 제한을 말합니다. 힘 있는 누군가가 우리가 정하지도 않았고 합의하지도 않은 것들을 강압적으로 요구하는 상황이 권위와 연결되었고, 이런 권위의 반대말로 자연스럽게 자유를 떠올리게 되었습니다. 자유는 권위라는 속박과 구속에서 벗어나는 개념이 되었습니다.

이렇게 된 가장 큰 이유는 권위에 대한 나쁜 경험 때문입니다. 독재하는 권위를 경험해서입니다. 영어로는 독재라는 말이 authoritarian이고, 권위는 authority입니다. 이 둘이 붙어다니는 것도 굉장히 재미있습니다. 학교, 가정, 국가, 이 셋은 모두 권위를 가진 기관입니다. 그런데 이들은 독재성도 가질 수 있습니다. 우리는 이들에게서 권위 대신 독재성을 경험한 적이 많습니다. 가정에서 아이에게 폭력을 휘두르고 공갈과 협박을 서슴지 않는 부모도 있습니다. 여러분은 학교나 군대에서 이와 비슷한 경험을 하지 않으셨습니까? 요즘은 달라졌다고 하지만 특히 군대에서 심했습니다. 먼저 들어왔다는 이유로 별일을 다 시켰죠. 이런 경험 때문에 사람들은 권위와 독재를 혼동합니다.

권위가 자유의 반대말이 된 또 다른 이유를 살펴봅니다. 조금

긴 설명이 필요하지만, 결국 인간의 가능성에 대한 신뢰 때문입니다. 권위는 피교육자나 피보호자가 어떤 가치를 납득할 수 없을 때 이를 강요할 수밖에 없는 어떤 명령입니다. 학교에 가야 한다든지, 주사를 맞아야 한다든지 하는 필요를 아이들은 모릅니다. 이를 아는 부모는 권위를 가지고 명령할 수밖에 없습니다. 이때 권위는 힘을 가진 부모가 휘두르는 독재가 아닙니다. 신뢰를 바탕으로 결정권을 행사하는 힘입니다. 그런데 요즘은 피교육자나 비보호자라는 개념이 희박해졌습니다. "누구는 알지만 누구는 모르는 것이 있다"라는 개념을 인정하지 않습니다. 대신 "사람은 모두 태어날 때부터 평등하고, 그 안에 신성이 있고 가능성이 있기에 외부 압력이나 사회의 구조적 힘으로 그것들을 망가뜨리거나 어그러뜨려서는 안 된다"는 교육정신이 주된 흐름입니다. 전위 미술이나 전위 음악이 왜 등장했습니까? 객관적 아름다움이란 없다는 것입니다. 어떤 기쁨과 아름다움에도 그만의 가치가 있다고 말합니다. 그래서 같은 작품을 보고 어떤 사람은 슬픔을, 또 다른 사람은 기쁨을 느껴도 상관이 없어졌습니다.

이렇게 되자 자유란 자신의 가능성과 존엄성을 지키는 것이 되었습니다. 누가 자신의 욕구나 생각을 강요하고 관철하려고 할 때, 거기서 탈출하는 것이 자유입니다. 이때 권위는 자유의 반대말이 될 수밖에 없습니다. 누군가에게 휘둘리지 않고 그 손아귀에서 벗어나는 것이 자유이니 말이죠. 제가 보기에는 그것은 권위가 아니라 독재인데, 이 둘을 같이 생각하는 게 요즘 현실입니다.

목적이 없는 자유

자유란 힘에 의한 굴종에서 해방되는 것을 뜻하게 되었습니다. 하지만 그러면서 안타깝게도 독재와 권위를 하나로 보는 경향이 뚜렷해졌습니다. 독재로부터의 자유가 권위로부터의 자유가 된 것이지요. 여기에 덧붙여 불거지는 문제는 오늘날 현대인들이 가지고 있는 자유의 개념입니다. 자유가 적극적이고 성숙한, 차원 높은 목표를 갖지 못하고, 부정적이고 소극적인 반발에 자주 머물고 맙니다. 자유란 무엇을 당하지 않는 것이지, 무엇을 하는 것이라는 개념이 희박해집니다.

타도하던 권위(엄격한 의미에서 독재)가 없어지면 자유도 사라지는 모순이 발생합니다. 이는 심각한 문제입니다. 예를 하나 들어 보겠습니다. 요즘은 안 그렇겠지만 제가 크던 시절에는 방학이 가까워오면 수업 진도도 거의 다 나가고 해서 선생님에게 놀자고 떼를 썼습니다. 선생님이 "자습이나 하자"라든가 "다른 과목 공부하자"라고 하면 "싫어요!"라고 합창을 합니다. 선생님이 무슨 말씀을 해도 "놀아요!"라고 입을 모읍니다. 그때 선생님이 크게 마음을 써서 "그래, 놀자"라고 하면 이번에는 "심심해요!"라고 노래를 부릅니다. 처음에 놀자고 했던 말은 결국 무슨 말이었습니까? "공부하지 말아요!"였습니다. 그런데 공부를 안 하면 "심심해요"가 등장합니다. 지금 우리가 논의하는 자유와 똑같은 원리입니다. 반발이요 저항입니다. 여기서 자유의 속뜻은 권위에 대한 반발과 저항에 불과합니다.

우리는 진리나 사실에 관한 문제를 기분이나 감정에 휩쓸려 결정하지 않습니다. 가령 몸이 아파서 회사를 안 가는 사람은 있어도 기분이 나쁘다고 회사를 빠지는 사람은 없습니다. 가고 싶지 않다고 안 나가는 일은 기분에 좌지우지되던 아이 때나 가능합니다. 철이 든다는 것은 자기 기분과 별개로 엄연한 사실 앞에 자신을 길들이는 법을 배우는 것입니다. 회사에서 상사가 화를 내도 보통 감내합니다. 그런 것 하나하나에 반발해서 깡통 차고 나갈 수는 없기 때문입니다. 이런 우리가 권위에 대해서는 얼마나 기분파인지 아십니까? 참 희한합니다. 대학을 굳이 가는 이유는 4년 더 고생해서 취직하는 쪽이 더 낫기 때문이라는 판단이 섰기 때문입니다. 하고 싶은 일 많은 고등학생 때 다 제쳐두고 공부에 매진하는 것 또한 대학 가서 나중에 더 실컷 누리자는 생각 때문입니다. 목표로 하는 가치와 의미 때문에 당장의 손해를 감수하고 손해를 무릅쓰지 않습니까? 이런 우리가 유독 권위에 대해서만은 분별하는 능력을 포기하고 기분에 좌우되는 인간으로 퇴보합니다. '무엇은 싫다'만 있을 뿐 '무엇을 하자'가 없다는 말입니다.

자유라는 개념이 사실 얼마나 굉장한 것입니까? 인간의 존엄과 그 가치를 위해 자유는 굉장한 몫을 차지해야 하는데 '무엇은 싫다'는 정도로밖에 사용하지 못하고 있습니다. "나 학교에 안 갈 거야" 정도로만 사용하는 셈입니다. 이렇게 유독 권위에 대해서만 자기 기분에 이끌려 유아적으로 반발하고 그 이상으로 자유를 끌어올리지 못하고 있습니다. 영적 차원에서 현대인들이 얼마나 쉽게 자신을 우스꽝스러운 자리까지 내던지는지를 분명하게 보여주는 사건입니다. 자유가 이렇게까지 전락했습니다. 순전히 하나님을 반대하기 위해, 하나님의 말씀과 영원한 진리를 반대하기 위해 권위 전체를 뭉그러뜨리고 자유라는 이름으로 자신이 옳다고 우깁니다.

권위에 복종하기 어려운 이유

이제 권위의 원래 의미가 무엇인지로 돌아가봅시다. 권위란 힘이나 진리이지만 독재성이 있는 힘과 진리는 아닙니다. 권위는 순종 또는 복종에 의해서만 인정이 됩니다. 우리는 권위를 행사하는 힘에 근거해 권위가 형성된다고 여기기 때문에 자꾸 독재성으로 기웁니다. 그러나 권위란 그 권위의 진리 됨과 힘에 순종해야하는 대상이 만족할 때야만 성립합니다. 우리는 힘을 가진 사람이 "이게 좋은 것이다"라고 우기거나 "다 죽여라" 하고 명령하니, 어쩔 수 없이 "네, 그렇습니다" 하고 따르는 것을 권위라고 생각합니다. 하지만 권위는 "이것이 옳다, 여기로 가라"고 요구받은 사람들이 "아, 이건 정말 맞다"고 그 말을 사실로 인정하고 받아들임으로 성립하는 것입니다. 그러니까 권위는 힘이 아니라 내용 그자체로 자신을 증명합니다. 권위란 없던 무언가가 만들어진다는 뜻은 아니고 원래 있는 것입니다. 이것이 권위입니다.

그런데 이런 권위마저 왜 독재로 오해받는 경우가 많을까요? 이는 권위가 무언가를 요구할 때, 이를 따라야 할 사람들이 투표해서 복종 여부를 결정할 수 없기 때문입니다. 이를테면, 오른쪽으로 가야 동쪽인데 사람들은 그쪽이 동쪽인 줄 모릅니다. 그래서 "이리 갑시다"라고 했더니 사람들은 "왜 혼자 가지 그럽니까?"라며 못마땅해 합니다. 그러고는 "그쪽이 동쪽인 줄 당신이 어떻게 압니까? 동쪽이란 걸 증명해보십시오"라고 따집니다. 하지만 증명할 방법은 없습니다. 그렇다고 해서 어느 쪽이 동쪽인지를 투표로 결정할 수는 없습니다. 투표로 결정할 수 없는 문제, 사실을 아는 사람이 강하게 고집할 수밖에 없는 문제라서 권위가 독재로 비치기도 합니다.

기독교도 같은 오해를 받습니다. "하나님이 계시는지 안 계시는지를 투표해봅시다"라고 할 수는 없습니다. 있다는 표가 많이 나온다고 없던 하나님이 생기지도 않고, 없다는 표가 많이 나온다고 엄연히 계시는 분이 사라질 수도 없는 노릇입니다. 그래서 "날 죽일 테면 죽여라. 있는 것은 있는 것이다"라고 주장할 수밖에 없습니다. 물론 이런 태도는 고집으로도 보입니다. 그래서 기독교를 공격하는 대표적인 말이 "너희 기독교는 배타적이다. 어째서 너희만 옳으냐?" 하는 것입니다. "다른 모든 종교는 안 그런다. 너희처럼 배타적인 종교는 없다"라고 못을 박습니다.

반면, 불교는 융통성이 있어 보입니다. 스님들은 성경도 봅니다. 불교는 무엇으로 말미암든지 도를 깨우치는 싸움이니까, 예수 그리스도에 대해서도 가르칩니다. 물론 대속을 가르칠 수는 없기 때문에 십자가는 제쳐둡니다. 제삼자가 볼 때 어느 쪽이 더 독재에 가깝습니까? 불교가 독재성이 없고 더 너그러워 보입니다. 그래서 기왕이면 더 너그러운 불교를 믿겠다는 이야기마저 나옵니다. 하지만 이는 사지선다형 시험 답안에서 "1번과 2번은 하나 차이인데, 어떻게 꼭 1번만 정답이라고 하느냐"는 것과 같습니다. 전혀 말이 안 되지요. 어떻게 1번과 2번이 하나 차이입니까? 전혀 다르지 않습니까?

신학교에서도 비슷한 논쟁이 자주 일어납니다. A와 B의 주장이 팽팽하게 맞설 때가 있습니다. 그럴 때 꼭 C라는 주장이 나옵니다. 싸우지 말고 서로 한 발씩 양보하라는 타협안이죠. 보통은 할 말이 없어집니다. A와 B는 편협해 보이고 C는 훨씬 너그러워 보이기 때문입니다. 이렇게 한번 설명해볼까요. "야, 이슬람의 마호메트, 기독교의 예수, 둘은 싸우지 말고 조금씩 양보해서 '마호예수'라고 합쳐라, 괜찮지?" 마호메트 더하기 예수, 가능한 말입니까? 불가능합니다. 하지만 마호메트도 믿지 않고 예수도 믿지 않는 제삼자는 이슬람과 기독교가 분쟁을 멈추고 합쳤다고 하면 어떻게 평가할까요? 아마 잘했다고 평가할 것입니다. "와, 종교라는 것이 얼마나 편협한데, 두 종교를 통합하다니, 정말 대단한데!"라고 할지 모릅니다. 왜 그럴까요? 그들은 둘의 다툼을 진리에 대한 싸움이 아니라 인간의 너그러움에 대한 싸움으로밖에 파악하지 않기 때문입니다. 그래서 주변 사람들이 우리에게 편협하다고 하면 뭐라고 대답하는 것이 맞습니까? "너는 진리에 대한 열심이 없는 사람이다"라는 대답 외에는 달리 드릴 말씀이 없습니다.

권위가 독재로 비치고 때로는 편협해 보이지만, 합의를 볼 수 없는 문제이기 때문에 이런 오해는 불가피합니다. 합의해 결론을 내릴 문제가 아니란 말이지요. 투표하고 서로 흥정할 수 없는 문제입니다. 가령 집을 살 때는 어떤 집이 마음에 들어도 돈이 모자라면 "너무 욕심내지 말고 이 정도로 하자"가 가능하지만 신앙은 진리이므로 그렇게 적정선에서 타협할 수 없습니다.

　권위가 복종을 요구하는 것은 그것이 진리이며 사실이기 때문입니다. 그런데 그 진리와 사실은 납득되기 전에 따라야 하는 것들이라 자칫 권위가 독재로 비칠 가능성이 있습니다. 왜 납득되기 전에 따르도록 요구받는가 하면, 진리와 사실들이 초월에 관한 것이기 때문입니다. 이성이라는 레이더망에 포착되지 않기 때문입니다. 이성은 먼저 납득이 돼야 하는데, 납득시킬 수 없는 문제에 대해서 어떻게 흥정을 할 수 있습니까? 예수를 믿지 않는 불신자들은 자기들이 납득할 만한 수준으로 기독교를 자꾸 끌어내리려는 요구를 합니다. "왜 당신네들은 그렇게 분파가 많습니까? 왜 그렇게 고집을 부립니까?" 등등 설명할 수 없는 여러 부분을 요구하고 거기까지 내려오면 믿겠노라고 합니다. 그렇게 되면 기독교는 '좋은 사회단체'가 되고 맙니다. 여러 좋은 가치와 유익들을 모은 동호회가 되는 것입니다. 진리란 그럴 수 없습니다. 그래서 얼핏 권위에 독재적 요소가 있어 보이고 우리의 죄된 본성은 이를 핑계로 권위에 반발합니다. 그 반발이 자유라는 탈을 쓰고 나타나기도 합니다. 여러분이 불신자에게 예수 믿으라고 하면 어떤 대답이 돌아옵니까? 가장 대표적인 대답이 "나는 속박되기 싫습니다"입니다. "예수 믿으면 이것도 못하게 하고 저것도 못하게 한다"는 것이지요. 예수라는 말만 나와도 금방 독재, 속박, 구속이라는 반응이 나오고 자유를 뺏기고 멍에를 지는 것으로 여깁니다.

여기서 독재와 권위가 잘 섞이는 이유를 분명히 짚고 넘어갑시다. 결론부터 말씀드리자면, 인간의 죄가 가진 반발심 때문입니다. 로마서 1장 28절은 "또한 그들이 마음에 하나님 두기를 싫어하매 하나님께서 그들을 그 상실한 마음대로 내버려두사 합당하지 못한 일을 하게 하셨으니"라고 말씀합니다. 인류의 본성이 하나님 두기를 싫어합니다. 왜냐하면 하나님이 권위자이기 때문입니다. 인간은 타락 이후 자기가 신이 되지 않았습니까? 죄의 본질을 잘 보십시오. 아담과 하와가 타락한 가장 큰 동기가 무엇이었습니까? 하나님과 같이 되려는 것 아니었습니까? 뱀은 "저것을 먹으면 너희가 하나님과 동등하게 될 것이기 때문에 하나님이 못 먹게 했다"는 말로 그들을 유혹합니다. 우리가 가장 좋은 것을 가질까봐 시샘하는 분으로 하나님을 묘사합니다. 이처럼 죄의 본성은 하나님 앞에 무릎 꿇고 그분을 좋아하고 기뻐하는 우리를 반대하는 것입니다. 이것이 죄의 핵심입니다.

이성의 특징 역시 같습니다. 이성은 인간이 영적·정신적으로 지각하고 사고해서 분별하고 정리하는 유일한 메커니즘입니다. 그런데 이 이성은 그 체계 안에 하나님 두기를 싫어합니다. 요한복음 1장은 "참 빛 곧 세상에 와서 각 사람에게 비추는 빛이 있었나니 그가 세상에 계셨으며 세상은 그로 말미암아 지은바 되었으되 세상이 그를 알지 못하였고 자기 땅에 오매 자기 백성이 영접하지 아니하였으나"(9-11절)라고 말합니다. 또한 3장 19절은 이렇게 적고 있습니다. "그 정죄는 이것이니 곧 빛이 세상에 왔으되 사람들이 자기 행위가 악하므로 빛보다 어둠을 더 사랑한 것이니라." 주인이 왔는데, 빛이 왔는데도 빛보다 어두움을 더 사랑한다는 것입니다. 이것이 이성의 큰 특징입니다. 그러니까 권위를 속박이라고 우기지만, 이는 그 권위에 독재성이 있다며 빛을 회피하려는 이성의 핑계에 불과합니다. 진리와 권위를 받아들일 마음이 없는 것입니다. 그러면서 독재성이 있고 우리를 속박하려고 하기 때문에 거부한다고 스스로를 속입니다. 하지만 사실은 빛과 진리가 싫은 것입니다.

자유의 회복과 권위의 수호

지금까지 우리는 권위에 대한 반발이 정당한 정신으로, 내용에 근거해서 이루어지는 것이 아니라 권위 자체에 반발하는 인간의 죄성 때문이며, 또 그것이 얼마나 자기 기분에 따라 이루어지는 유아적 반발인지도 함께 살펴봤습니다. 기껏 권위를 반대하기 위해서만 쓰이는 자유, 권위가 무너지면 명분이나 이유가 사라지는 자유, 반대할 또 다른 권위를 찾아야만 다시 살아나는 자유였습니다. 무언가를 적극적으로 만들어내기 위한 자유가 아니었습니다. 대신 권위만 부술 수 있다면 모든 것을 포기해도 좋다는 식으로 우리를 전장으로 몰고 가는 자유만 보아왔습니다. 그래서 이제 정당한 자유란 무엇인지를 살펴볼 때가 왔습니다. 이것이 분명해지면 권위에 대한 개념도 더 선명해질 것입니다.

오늘날 현대인에게 무엇을 거부하는 자유만 남은 이유는 자유에 대한 합의가 불가능하기 때문입니다. 무엇이 자유인지는 사람마다 다릅니다. 모두가 각자 하기 싫은 게 있고, 이것을 거부할 수 있는 게 자유입니다. 그러므로 내 자유가 상대에게는 독재일 수 있습니다. 이럴수록 구속과 요구를 벗어던지는 자유는 무성해지는 반면, 적극적으로 무엇을 하는 자유는 자취를 감춥니다. 무엇으로부터의 자유free from는 있지만 무엇을 위한 자유free for는 없어집니다. 무엇을 안 할 자유free not to do는 있지만, 이것만은 꼭 하겠다는 자유는 없습니다.

로마서 6장을 봅시다. 11-18절은 이제 의에게 너희를 바칠 수 있는 자유자가 되었다고 말합니다. 옛날에는 우리가 죄의 종이었고 죄가 우리 주인이었습니다. 그런데 거기서 해방되어 죄를 짓지 않을뿐더러 의의 병기로 나를 드리게 되었습니다. 이제 자유는 죄로부터의 해방만이 아니라 자유자로서 의의 열매를 맺고 하나님의 종으로 살려는 적극적 의미로까지 확장되었습니다. 하나님을 믿지 않은 이들에게는 없는 자유입니다. 그런 의미에서 신자들만이 자유인입니다. 이제 죄에게 자기를 드릴 수도 있고 의에게 자기를 드릴 수도 있습니다. 그래서 갈라디아서 5장에서는 뭐라고 말합니까? "그리스도께서 우리를 자유롭게 하려고 자유를 주셨으

니 그러므로 굳건하게 서서 다시는 종의 멍에를 메지 말라"(1절)고
나옵니다. 드디어 우리는 자유인입니다. 우리는 스스로를 누구에
게 줄지 선택할 수 있게 되었습니다. 이것이 정당한 자유입니다.
바로 '무엇을 위한' 자유입니다.

5

일반 은총이란 —

무엇인가 —

우리는 앞 장에서, 이성은 납득과 설명을 요구하고 계시는 복종을 요구하기 때문에 이 둘은 불가피하게 충돌할 수밖에 없으며, 그 충돌이란 궁극적인 권위가 누구에게 있느냐 하는 싸움이 된다는 것을 알게 되었습니다. 그리고 권위란 힘에 의해 시행되는 것이 아니라 그 내용에 의해 확인되는 것임을 살펴보았습니다.

그런데 우리는 권위를 초월적 현상으로 증명하려는 본성이 있습니다. 기독교의 진리와 권위를 상대방이 납득하지 못하면 초월적 힘을 동원해 증명하고 싶어집니다. 누가 "하나님이 어디 있나? 하나님을 믿으려면 내 주먹을 믿어라"라고 말하면 그 사람의 주먹이 잘려나가거나 해서, 기독교의 진리가 실제로 나타나 불의한 행동을 응징함으로써 그 권위가 객관적으로 증명되기를 바랍니다. 그래서 이번 장에서는 이 문제, 즉 권위를 초월적인 것으로 인식하는 종교적 사상을 짚어보고 거기에 어떤 위험성이 있는지를 살펴보려 합니다. 종교적 권위를 초월적인 무언가로 이해하려는 인간의 오류가 우리 신앙에도 얼마나 깊숙이 들어와 있는지 모릅니다. 함께 읽기 좋은 책으로 헤르만 바빙크의 《일반 은총론》(총신대학교출판부)을 추천합니다.

초월과 자연의 분리

기독교적 권위를 초월성으로 이해한 곳이 로마 가톨릭Roman Catholicism입니다. 로마 가톨릭은 초월과 자연을 대립하는 두 영역으로 여깁니다. 신적이며 절대 권위에 속한 것, 즉 하나님께 속한 모든 것은 초월적이지 자연적일 수 없다고 봅니다. 이것이 바로 로마 가톨릭의 이원론입니다. 우리가 아는 대표적 이원론은 헬레니즘인데, 거기서는 육체와 정신을 구별합니다. 이와 달리 로마 가톨릭의 이원론은 자연과 초월을 구별합니다.

초월 / 신적인 것
———————————————
자연 / 일반적인 것

로마 가톨릭의 신학을 이해하려면 먼저 그들의 인간론人間論을 이해해야 합니다. 로마 가톨릭의 인간론은 인간이 원래 이성적이고 도덕적으로 창조되었다고 봅니다. 그 위에 하나님의 형상이 덧입혀졌고, 따라서 하나님의 형상을 '덧붙여진 은사'라고 합니다.

창조 당시 인간은 이성적이고 도덕적이며 중립적 존재여서, 이성과 도덕에 따라 욕망을 조절해 선한 쪽을 선택할 수도 있었고, 반대로 이성과 도덕을 무시하고 더러운 욕망을 좇아 스스로를 파멸시킬 수도 있었다고 봅니다. 이때 인간이 언제나 이성적이고 도덕적으로 승리할 수 있게 해주는 것이 바로 '덧붙여진 은사'입니다. 그런데 인간의 타락으로 이것이 파괴되었다고 봅니다.

그러니까 아담의 타락 이후 인간은 죄인으로 태어나는 것이 아니라 '덧붙여진 은사'만 없이 중립적 상태로 태어난다는 것입니다. 도덕적이고 이성적으로 승리한다는 보장은 없지만 그렇다고 죄인도 아닌 상태, 즉 백지 상태로 태어난다는 것입니다. 열심히 노력해서 도덕적이고 이성적 삶을 유지하면 최소한 지옥에 가지는 않지만, 그렇다고 천국에 갈 수는 없다고 말합니다. 인간이 만들어낼 수 있는 최고의 선은 도덕적이고 윤리적인 최고 경지이지, 그 이상의 경지, 즉 천상의 영광의 자리에는 못 미칩니다. 그 자리에는 인간의 능력만으로는 이르지 못합니다. 천상의 자리에 도달하려면 초월적 방법을 동원해야만 합니다. 그것이 바로 예수 그리스도, 십자가, 하나님의 은혜 같은 것들입니다. 초자연적 목적지에 도달하려면 초월적 신에 의지해야만 가능하다고 봅니다. 다시 말해 초자연적 신의 은혜를 입어야 합니다. 그런데 로마 가톨릭은 이 천상적 은혜의 시여施與를 교회가 맡았다고 봅니다. 교회 안에 들어와 이 은혜를 시여 받아야만 천상적이며 초자연적 목적지에 도달할 수 있는데, 이는 말씀과 성례를 통해서 전해집니다. 개신

교에는 성례가 세례와 성찬밖에 없지만, 로마 가톨릭에는 성례가 굉장히 많습니다. 그 모든 성례가 초자연적 목적지에 도달하게 만드는 은혜의 보전과 시여들입니다.

이를 조금 더 자세히 살펴봅시다. 그들 입장에서 자연인이 천상의 은혜를 입지 못하고 가장 선하게 살다 죽으면 어떻게 될까요? 천국에 가지는 못하지만 대신 연옥에 갑니다. 왜냐하면 초자연적 축복은 초자연적 은혜로만 가능하기 때문입니다. 그래서 하나님은 인간이 단지 자연으로부터의 지식만이 아니라, 계시로부터의 지식까지 얻기를 바라십니다. 이것이 로마 가톨릭의 주장입니다. 하나님은 인간이 지상 최고의 자리에 이를 뿐 아니라, 천상의 초자연적 축복까지 누리게 하겠다고 작정하셨습니다. 그래서 예수 그리스도를 보내 인간이 천상의 자리에까지 이르도록 여러 은혜를 베푸십니다. 이런 은혜들이 죄로 인해 약해진 자연인의 힘을 북돋아 천상의 자리에까지 나아가도록 돕는다고 말합니다.

여기서 우리가 짚고 넘어가야 하는 문제는, 로마 가톨릭의 근본이 펠라기우스주의에 기초하고 있다는 사실입니다. 펠라기우스주의는 아담의 타락으로 인한 원죄를 부인하며, 인간은 아담처럼 죄 없이 태어나고 선악을 선택할 자유의지를 가졌고, 따라서 하나님의 은혜가 인간의 구원에 도움은 되나 반드시 필요하지는 않다고 주장합니다. 그리스도가 성육신하신 것도 인간에게 모범을 보이고 그의 선행을 본받게 해서 영생에 이르게 하기 위해서라고 주장합니다. 예수 그리스도의 십자가는 대속이 아니라 모범을 보이기 위한 사건이라는 것입니다.

여기서 우리는 왜 그들이 초월과 자연을 나누었는지를 이해해야 합니다. 이 세상과 자연을 하나님이 만드시고 지금도 다스린다고 생각하려니까 "하나님이 이 세상 악한 것들의 원인인가?"라는 문제가 생겼습니다. 세상은 은혜와 생명의 법이 아니라 약육강식과 불의한 자가 승리하는 법칙이 성행하는데, 만일 하나님이 세상을 다스리고 계신다면 그분은 악의 원인이거나 최소한 악의 방조자가 되셔야 합니다. 그래서 하나님을 하나님 되게 하려는 의도, 즉 그분의 절대적 권위를 옹호하려는 데서 초자연주의가 들어오게 됩니다. 우리가 맨 처음 이야기했던 문제도 이것입니다. 누군가에게 기독교의 진리를 납득시키고 싶을 때 초자연성을 들이대면서 꼼짝 못하게 만들고 싶어 하는 우리 본성 말입니다. 우리가 갖고 있는 이 종교성이 바로 초자연주의입니다. 이는 초자연성만이 신적이며 자연적인 것은 신적이지 않다고 구분하게 만드는 오류이며, 우리를 그 함정에 빠뜨립니다.

하나님의 하나님 되심을 높이자는 의도는 좋지만, 하나님 되심을 너무 높이다 보니 하나님이 간섭해서는 안 되는 영역이 생겼습니다. 하나님을 초월자로 몰아낸 것까지는 좋습니다. 하나님의 권위를 옹호하기 위해 신적인 것과 기독교의 내용을 초월로 몰고 간 것까지는 좋습니다. 하지만 하나님을 자연에서 몰아내자, 자연은 하나님 손에서 빠져 나와 독립된 영역이 되었습니다. 결국 이 둘은 서로 대적하는 관계로 돌아섭니다. 초자연성을 동원해 하나님의 권위와 하나님 되심을 증명하려고 들면 들수록 자연을 부정해야 하는 문제가 생깁니다. 즉, 초자연성을 강조하기 위해서는 자연을 부정해야만 합니다. 그래야만 신적인 것이 두드러지고 기독교의 권위가 유지됩니다. 이 같은 발상이 강화되자 자연은 모조리 독립해버리고 맙니다.

초자연성을 강조하는 로마 가톨릭은 역사적으로 수도사 제도를 강조해왔습니다. 수도사 제도는 결국 자연으로부터의 도피입니다. 초월에 귀의하기 위해 자연을 놓아버리는 것입니다. 자연을 놓음으로써 초월로 간다고 보았기 때문입니다. 자연이 무가치하다고 말하지는 않지만, 자연 속에는 초월이 없다고 봅니다. 하나님의 권위와 계시의 신적 권위를 보전하고 유지하고 높이려 초자연성을 증거로 제시하려는 사이, 기독교는 자연에서 멀어집니다. 자연을 죄라고는 하지 않지만, 최소한 자연이 하나님의 통치 영역에서 탈출해버린 꼴이 되었습니다.

그러면 자연은 누구 손에 들어가게 될까요? 1차로는 자연 자체에 맡겨진 셈입니다. 특별한 은혜 속에 들어가지 않은 모든 인간도 자연인이 되었습니다. 자기 운명을 스스로 좌지우지하는 자가 되었습니다. 영원한 가치가 있는 천상으로 가려면 초월에 귀의해야 하고, 그 은혜를 시여하는 유일한 기관인 교회에 속해야 합니다. 이것이 바로 로마 가톨릭이 말하는 교회의 권위, 교회 조직의 절대성입니다. 교황 무오설의 근거이기도 합니다. 하나님은 교회에만 천상의 것들을 맡기셨으니까요. 그러니 잘 보십시오. 초월과 관계된 것은 초월의 영역에 속합니다. 당연히 성당은 그들에게는 분명 성전입니다. 잘 아시다시피 중세에는 성당이 도피성 역할을 했습니다. 죄인이 성당으로 들어가면 경찰력이 미치지 못했습니다. 천상의 은혜를 시여하는 직분을 맡은 성직자인 사제는 자연법칙을 따르면 안 되기에 결혼도 해서는 안 됩니다. 이 모두가 초월과 자연을 구분하기 때문에 발생하는 일들입니다.

초자연주의가 낳은 병폐

신적인 것이 언제나 초월적 모습으로만 등장하면서 자연이 독립해버리자, 계시가 자연 가운데서도 나타날 수 있다는 사실은 점점 희미해집니다. 그러면서 자연의 참된 가치를 놓치게 됩니다. 가령 중세 시대에는 일반 재판과 별개로 종교 재판을 했습니다. 거기서 피고는 마지막 방법으로 '결투'를 신청할 수 있었습니다. 하나님이 세상 법칙을 뛰어넘어 초월적 방법으로 옳고 그름을 가리신다고 생각했기 때문입니다. 피고가 무죄라면 하나님이 이기게 하시리라는 사상이 깔려 있습니다. 이런 사상이 왜 문제가 될까요? 모든 일을 영적으로만 해석하면, 누군가 고난을 당하고 재난 가운데 처하면 그 모든 상황을 형벌로 간주하는 경향이 생깁니다. 누가 교통사고를 당하면 가장 먼저 "죄에 대한 보응은 아닐까" 하는 생각이 떠오르지만, 사실은 운전자 부주의를 가장 먼저 떠올려야 정상입니다. "졸았습니까? 과속했습니까?" 만약 그게 아니라면 "상대방이 잘못했군요"라는 생각에 미쳐야 합니다.

교통사고가 왜 발생합니까? 어느 한쪽이 잘못해서 일어났다고 생각하는 게 상식인데, 기독교 신자들은 뜻밖에도 무슨 생각부터 하나요? 바로 죄입니다. 이것이 초자연주의적 발상입니다. 우리 신앙에 이 뿌리가 얼마나 깊은지는 소원하던 것이 안 이루어졌을 때 무엇부터 하는지 보면 알 수 있습니다. 무엇을 합니까? 회개부터 합니다. 자식이 학교에 불합격해도 어떻게 합니까? 회개부터 합니다. 하지만 회개 대신에 할 일은 따로 있습니다. 어떤 과목에서 점수가 낮게 나왔는지, 지원 학교를 너무 높게 잡은 것은 아닌지, 이런 것들부터 생각해야 합니다.

우리는 두 가지 극단을 모두 경계해야 합니다. 초자연주의와 자연주의 양쪽을 다 경계해야 하는데 초자연주의에 집중하다 보니 자꾸 자연주의적 쪽으로 기울게 됩니다. 하지만 자연주의로 가자는 것은 아닙니다. 자연신론Deism으로 가자는 것이 아니라 초자연주의에 끌리는 본성이 얼마나 만연한지를 되돌아보자는 것입니다. 그 본성을 그대로 놔두면 신앙 여정에서 만나는 모든 난관이 내가 잘못된 길을 고집했기 때문이라고 오해할 수 있습니다. 물론 내가 잘못된 길을 선택했기 때문에 만나는 난관이 있습니다. 요나가 만난 풍랑이 대표적입니다. 하지만 욥이 당한 시련처럼 힘과 신뢰를 더 기르도록 허락된 난관도 있습니다. 난관을 통과했을 때 전보다 더 성숙하고 건강하도록 만드는 훈련 같은 시련입니다. 요셉이 이집트에 팔려가서 옥에 갇히고 욥이 고난을 받은 것은 모두 시련의 주인공을 강하게 만들기 위해서이지 그가 잘못된 길을

갔기 때문은 아닙니다. 그런데 한국 교회 교인들은 난관을 만나면 내가 틀린 길을 선택해서 하나님이 섭섭해하시는 것으로 이해하고는 회개부터 하려 듭니다. 내게 무엇이 부족한지, 지혜를 얼마만큼 더 쌓아야 하는지에 대한 고민은 거의 보이지 않습니다. 바로 이것이 초자연주의의 병폐입니다.

우리가 죄를 지으면 그 죗값을 치러야 한다고 생각하십니까? 죗값은 안 치러도 됩니다. 자식이 유리창을 깨면 부모인 여러분은 어떻게 합니까? 회초리를 듭니다. 그것이 죗값입니까? 아닙니다. 그것은 죗값이 아니라 징계입니다. 깨뜨린 만큼 벌을 주자는 것이 아니라 잘못을 가르쳐 행실을 바로 잡으려는 것입니다. 그러니까 사람을 고치려는 것이지 잘못한 만큼 맞으라는 것이 아닙니다. 이 둘은 완전히 다릅니다. 그런데 우리에게는 죗값을 치른다는 사상이 훨씬 더 많습니다. 그래서 하나님이 두렵습니다. 죄의 유혹을 받더라도, 보통은 나중에 죗값을 치를까봐 두려워 죄를 짓지 않습니다. 하지만 징계와 죗값은 전혀 달라서 한쪽에는 사랑이 있고, 다른 한쪽에는 사랑이 없습니다.

가령 우리 집에 이웃집 아이가 놀러왔다가 유리창을 깨면 "너, 어디 사니?"라고 가만히 물어보고 그 집에 찾아가서 "3만 원 되겠습니다"라고 말하면 끝납니다. 이것이 죗값을 받는 것입니다. 만약 우리 집 아이가 유리창을 깨면 어떻게 합니까? 엄하게 회초리를 듭니다. 아이 입장에서는 헷갈릴 정도입니다. 옆집 애가 유리창을 깼을 때는 생글생글 웃으면서 어디 사는지만 묻던 부모가 자기가 깨니까 험한 얼굴을 하고 매를 들기 때문입니다.

이렇듯 죗값은 하나님의 사랑과 긍휼이 없는 처벌을 받는 것입니다. 세상 사람들은 죗값을 치러야 합니다. 하나님이 물으시는 죗값이 무엇입니까? 형벌도 아니고 지옥도 아닙니다. 상실한 마음 그대로 더러움에 내버려두십니다. 이것이 얼마나 큰 벌인지 신자들은 잘 모릅니다. 신자들에게는 이런 벌이 없습니다. 대신 '네가 한 짓의 결과를 보라'는 식의 징계는 있습니다. 이것은 죗값이 아닙니다. 내가 저지른 일의 결과를 감당하면서 힘들 수는 있습니다. 이를테면, 결혼하지 않은 관계에서 아이를 임신하면 하나님은 그 아이를 낙태하는 대신 낳게 하십니다. 그 애 때문에 평생 고생을 하게 하십니다. 그렇게 해서 다시는 그 죄를 짓지 않게 합니다. 죄 짓는 것이 얼마나 무서운지 뼈저리게 깨닫고 그 죄에서 돌아서게 하십니다. 하지만 이는 죗값이 아닙니다. 모두 징계입니다. 뼈에 사무치게 고통스러운 징계가 있다면, 그것은 경종을 울려서 다시는 그 길을 가지 않게 만들려는 가시철망 같은 것입니다.

이처럼 무슨 일이 생기든 죗값이라고 생각하고 회개부터 하는 태도는 초자연주의를 과도하게 받아들인 탓입니다. 이런 태도가 심해지면 초자연주의에 대한 반발을 부릅니다. 이를 쉽게 이해할 수 있도록 제가 이야기를 하나 만들었습니다. 가령 제가 어떤 집에 들어가 소를 훔치려다가 들통이 났습니다. 재판정에서 제가 훔쳤다고 인정하면 불에 타 죽는 벌을 받아야 하므로 안 훔쳤다고 끝까지 우길 수밖에 없는 상황입니다. 제가 "아니올시다. 이건 분명히 제 소입니다"라고 하니 주인은 환장할 노릇입니다. 그래서 주인은 "하나님의 이름을 걸고 맹세코 제 소입니다"라고 맹세를 합니다. 이렇게 된 이상 저도 우겨야지요. "하나님, 성부, 성자, 성령의 이름을 다 걸고 저 소는 제 것입니다"라고 합니다. 결국 결투만이 최종 심판으로 남았습니다. 이미 저는 칼에 찔려 죽으나 불에 타 죽으나 어차피 마찬가지라는 심정으로 결투에 나섭니다. 그런데 어이없게도 제가 이깁니다. 제 속에 무슨 생각부터 들었겠습니까? '야, 이제 보니 전부 사기꾼일세. 하나님이 거짓말한 사람에게 날벼락을 내려서 지게 하신다더니 완전 거짓말일세.' 하나님이 거짓말한 사람을 결투에서 지게 하신다고 했는데 제가 이겼으니 악인을 벌주는 그런 존재는 없다고 생각하게 된 것이죠. 이렇듯 현실 세계의 실제 원인과 결과와는 동떨어지게 초월적 의미를 부여하는 일 따위는 미신으로 간주하기 시작합니다. 이것이 자연주의, 자연신론입니다.

자연신론의 반격과 결함

하지만 자연주의 역시 기독교 신앙을 잡아먹으려는 큰 함정 중 하나입니다. 어떤 일이 발생했을 때 실제 원인과 결과는 제쳐두고 그 이상의 의미를 부여하는 행위를 미신으로 간주하는 사상입니다. 이 자연 세계의 모든 현상은 종교나 초월과 상관없이 그 자체의 원리와 규칙만으로 움직인다는 사상, 자연법칙이 자연을 다스린다는 사상이 자연주의, 자연신론입니다. 이런 생각이 얼마나 무서운지를 몇 가지 면에서 살펴봅시다.

해는 아침마다 동쪽에서 떠오릅니다. 물론 실제로는 지구가 자전하지만 우리는 해가 떠오른다고 표현합니다. 그렇다면 하나님이 매일 아침마다 동쪽에서 해를 띄우십니까, 아니면 천지창조 때 24시간마다 한 번씩 동쪽에서 떠오르라고 정하셨기 때문에 그 법칙을 따라 매일 떠오릅니까? 두 번째가 자연신론입니다. 우리가 신앙적이라고 알고 있는 것들 중에도 자연신론이 들어 있습니다. 참 무섭습니다. 다른 예를 또 들어보겠습니다. 성경은 하나님 말씀입니다. 맞습니까? 틀립니까? 맞는 말입니다. 그러면 하나님 말씀인 성경은 각자가 얼마만큼 캐어가는지의 싸움입니다. 이 말은 맞습니까? 틀린 말입니다. 하지만 이것이 얼마나 우리에게 당연한 생각입니까?

하나님은 24시간마다 동쪽에서 해가 떠오르라고 분명히 말씀하셨습니다. 모든 자연은 법칙에 따라 움직이는 것이 아니라 지금도 하나님이 힘을 주고 간섭하시기 때문에 활동하는 것입니다. 하나님은 천지를 만들어놓고 자체적으로 돌아가게 놔두고 돌보시지 않는 분이 아닙니다. 만약 그렇다고 이야기하면 그것이 바로 자연신론입니다. 지금 자연은 홀로 알아서 돌아가고 있다는 것입니다. 그렇지 않습니다. 성경에는 초자연적 사건들이 가득합니다. 그런 일이 일어난다는 것은 자연이 홀로 알아서 돌아가지 않는다는 뜻입니다. 하나님은 어느 한 순간도 이 역사와 우주의 운행에 관여하시지 않은 적이 없습니다. 그런데 우리는 하나님이 처음 정한 그 법칙에 따라 자연이 계속 움직이고 있다고 생각합니다. 법칙은 하나님이 이렇게 일하신다고 밝힌, 한 방식에 불과합니다. 하나님의 신실하심, 성실하심, 영원하심, 변개치 않으심의 가장 뚜렷한 증거로 공개된 것입니다. 변하시는 분이 아니기 때문에 그분이 하시기로 한 방법과 목적을 모두 공개해버린 것입니다. 어떤 방해나 난제가 생겨도 그것을 해결하시고, 포기하지 않으시고, 거기에 도달하시고, 이루실 것입니다. 그것들이 법칙으로 공개되어 있는 것이지 그 법칙이 모든 것을 움직이는 힘은 아닙니다. 법칙이 힘입니까? 아닙니다.

성경도 마찬가지입니다. 성경은 하나님이 어떤 분이시며 우리에게 어떤 뜻을 갖고 계시며 우리와 어떤 약속을 맺으셨는지를 공개하신 책이지, 하나님의 보물을 담아둔 책이 아닙니다. 성경책 자체를 신성시할 필요는 없다는 말씀입니다. 그런데 이런 생각이 얼마나 만연한지 모릅니다. 한번은 말도 안 되는 소리를 들은 적이 있습니다. "그 목사의 신앙 깊이는 그가 성경을 얼마나 심장 가까이 갖고 다니는지를 보면 안다." 그러니까 가장 훌륭한 목사는 왼손에 성경을 들어 심장 가까이 안고 다닌다는 것입니다. 여러분이 듣기에는 어떻습니까? 말도 안 되는 이야기이죠. 성경책은 그 안에 보물이 담긴 게 아닙니다. 만약 그렇게 생각하면 캐서 가져가는 사람에 따라 결과가 달라질 수 있습니다. 하나님이 한 개인의 역사에 섭리하시는 영역이 그만큼 축소되고 맙니다. 운명을 결정하는 원인이 성경을 읽어내는 이의 손아귀에 들어가는 것입니다. 온 우주와 인간의 역사 역시 누구 손에 달린 것입니까? 자연입니까? 인간 역시 자기 손으로 원인을 만들고 그에 따른 결과를 획득하는 것입니까? 이렇게 되면 하나님은 더 이상 간섭하실 수 없게 됩니다. 이것이 자연신론입니다.

뒤섞인 함정

여기서 초자연주의와 자연주의의 문제를 정리해봅시다. 앞서 초자연주의에서 생기는 문제가 무엇이었습니까? 하나님이 뜻을 펼치시고 영적 간섭, 즉 섭리를 행하시는데 자연이라는 영역에서는 힘을 못 쓰시고 초월적으로만 일하신다는 것이었습니다. 그래서 로마 가톨릭에서는 오직 교회와 섭리에 의해서만, 그러니까 성직자에 의해서만 은혜의 시여가 가능해짐으로써 자연이 은혜와 계시의 영역에서 역할을 할 자리가 없었습니다. 결국 초자연주의는 은혜와 계시의 영역에서 자연을 떼버렸습니다.

초자연주의에서는 그나마 하나님의 섭리가 초월의 영역에서는 남아 있었습니다. 그런데 자연주의에서는 초월의 영역마저 제거합니다. 그러자 하나님의 섭리나 주권은 완전히 사라지고 오직 인간의 인과율밖에는 남지 않게 됩니다. 이런 사상이 우리 신앙에 얼마나 뿌리 깊이 박혀 있는지 모릅니다. 앞서 이야기했듯이 우리가 재난을 맞닥뜨리면 '죗값을 치른다'는 생각을 먼저 합니다. 지원한 학교에 합격을 못하면 '기도가 부족했지'라고 생각합니다. 이것을 뒤집으면 '기도를 더 했더라면 붙었을 텐데'라는 생각, 곧 자연주의, 인과율입니다. 내가 어떤 원인을 집어넣으면 그 결과가 당연히 따라와야 한다는 사상입니다. 성경을 많이 읽으면 당연히 신령한 사람이 된다는 것입니다. 이 생각은 선교단체에도 폭넓게 뿌리내리고 있습니다. 어떤 단체든 별 차이가 없습니다. 그곳에 속한 이들의 가장 큰 자랑이 무엇이냐 하면 '체크'하는 것입니다. 하루에 성경을 얼마나 읽었는지, 기도를 얼마나 했는지, 그런 것들을 자꾸 체크합니다. 결국 그렇게 한만큼 결과가 돌아온다는 법칙을 믿는 셈입니다.

은혜가 배제되는 게 문제입니다. 뜻밖에도 인간의 자유의지와 인과율이 자꾸 은혜를 밀어냅니다. 은혜란 이런 것입니다. 예수 믿는 자들을 다 잡아 죽이려고 살기등등한 채로 다메섹으로 가는 바울 앞에 예수님이 나타나십니다. 바울은 예수를 찾을 마음도, 회개할 징조도 없었습니다. 마음에 털끝만큼의 가책도 없었습니다. 그런 그에게 그냥 주님이 나타나셔서 그를 이방인의 사도로 삼으셨습니다. 이것이 바로 은혜의 개입 아닙니까? 자연주의에서는 이런 은혜의 개입이 사라집니다.

그런데 이 초자연주의와 자연주의가 우리 마음속에서 충돌하지 않고 자연스럽게 공존한다는 점이 무척 흥미롭습니다. 하나님께 애걸복걸하면 얼마든지 좋은 것을 초자연적 방법을 통해 주시리라 믿습니다. 그러니까 초월적인 무언가를 주실 것이라고 자연 법칙에 근거해 요구하는 셈입니다. 이 둘이 묘하게 뒤섞여 있습니다. 초자연적 은혜를 구하면서도, 그 방법은 자연주의에 의존하고

있습니다. 잘 보십시오. 여러분의 신앙과 생각에 이런 뒤섞인 함
정이 얼마나 많은지를!

6

특별 계시란 ——
무엇인가 ——

종교개혁이 일어난 이유 중 하나가 자연에 대한 이해 때문입니다. 로마 가톨릭이 초자연으로 기울어지자 이에 대한 올바른 해석을 요구하고 나선 것입니다. 그러면 대체 자연은 무엇인가라는 질문이 쏟아져 나왔습니다. 신적인 것이 초자연적 영역에서만 나타난다면, 다시 말해 기독교가 그 내용을 초자연으로만 담는다면 자연에는 무슨 가치가 있느냐는 논쟁입니다. 로마 가톨릭이 신적인 내용을 초자연에만 제한하자 자연은 하나님의 통치권 밖으로 독립해버렸고, 여기서 가장 큰 문제가 발생합니다. 아무도 다스리지 않는 독립된 중간지대가 생겨버린 것입니다. 자연도 그렇지만 사람의 인생에도 독립된 중간지대가 생겼습니다.

특별 계시와 일반 계시를 나누는 기준

종교개혁의 전통을 잇는 개혁주의 신학에서는 '초월과 자연의 구별은 원래 없다'는 태도를 견지합니다. 초자연과 자연이 아니라 은혜와 은혜가 아닌 것으로 나눠야 한다는 견해입니다. 다시 말해, 개혁주의에서는 초자연도 신적 내용을 함유할 수 있고, 자연 역시 신적 내용을 담아낼 수 있다고 봅니다. 잘 아시듯 계시에는 특별 계시와 일반 계시가 있습니다. 하나님은 그분을 나타내실 때 특별한 방법만 사용하셔서 초월적 방법으로만 나타나십니까? 아닙니다. 하나님은 자연을 통해서도 나타나십니다. 시편 19편이 대표적인 예입니다. "하늘이 하나님의 영광을 선포하고 궁창이 그의 손으로 하신 일을 나타내는도다"(1절). 시편 19편을 읽다 보면 일반 계시와 특별 계시가 연속성을 가진다는 사실을 확인할 수 있습니다. 그런데 우리는 하나님이 초월로만 자신을 나타내신다고 생각해 이를 따로 떼어내 특별 계시라고 합니다. 즉 로마 가톨릭의 이원론에 따라 특별 계시에만 하나님의 계시가 있고 자연에는 없는 것처럼 생각합니다. 이 대목을 잘 이해해서 우리의 생각이 어떻게 흘러가는지 맥락을 잘 잡아야 합니다.

로마 가톨릭에서는 하나님을 하나님 대접하기 위해 신적 내용은 자연적이지 않으며 초월적이라고 강조했습니다. 신적인 것은 당연히 인간이 가진 것과 다르고 평범한 자연과도 다를 것이기 때문에 이를 격상시키면서 초월을 그 특성으로 삼았습니다. 그러자 신적인 것들인 하나님의 하나님 되심과 계시의 내용은 자연과 분리되었습니다. 로마 가톨릭의 이원론에 따르면 자연은 일반적인 것이고 초월만이 특별합니다. 신적 내용을 포함하는지 여부가 일반과 특별을 가르는 기준이 되었습니다. 즉, 하나님이 하나님 되심을 나타내는 계시를 포함하는 쪽이 특별 영역이고, 신적 내용을 포함하지 않는 쪽이 일반 영역, 자연입니다. 특별=초월, 일반=자연이 된 것입니다. 결국 신적이지 않다는 기준으로 특별과 일반을 나눴습니다.

그들과 달리 종교개혁가들은 성경에서 새로운 사실을 발견했습니다. 하나님은 그분을 나타내시고 신적 내용을 드러내시기 위해 초월도 이용하시지만 자연도 이용하신다는 것을 말입니다. 하나님은 그분의 하나님 되심을 초월적으로도 나타내시지만, 자연에도 담아 드러내시더란 말입니다. 종교개혁가들이 살펴본 바에 따르면 하나님은 자연 가운데도 그분을 계시하십니다. 하나님의 하나님 되심과 하나님이 우리에게 일러주시려는, 영적이며 거룩한 내용을 자연에 실어 전달하십니다. 우리도 성경에서 이런 내용을 많이 봅니다. "개미에게 가서 그가 하는 것을 보고 지혜를 얻으라"(잠 6:6), "보는 바 그 형제를 사랑하지 아니하는 자는 보지 못하는 바 하나님을 사랑할 수 없느니라"(요일 4:20) 같은 내용이 자연 계시입니다. 하나님이 그 속에 그분의 하나님 되심과 그분에 대한 내용, 즉 신적인 것들을 넣어두시더란 말입니다.

그렇다면 종교개혁가들과 그 전통에 서 있는 개혁주의 신학은 일반과 특별을 무엇으로 나눕니까? 로마 가톨릭은 계시가 있느냐

없느냐로 특별과 일반을 나눴지만, 종교개혁가들은 이 구분이 무의미하며 하나님은 자연을 통해서도 그분을 계시한다고 밝혔습니다. 그렇다면 일반과 특별을 이제 어떤 기준으로 구분해야 할까요. 처음 말씀드렸듯이 '은혜'입니다. 한쪽에는 은혜가 있고 다른 한쪽에는 은혜가 없습니다. 그렇다면 은혜가 이 둘을 어떻게 나눕니까? 바로 '죄' 문제입니다. 죄로 말미암아 일반과 특별이 나뉩니다. 죄를 극복하고 하나님을 드러내신 것이 특별 계시이며, 죄 문제를 해결하지 않고 자신을 나타내시는 것이 일반 계시입니다.

이것이 무슨 뜻인지 좀 더 자세히 살펴봅시다. 우리는 죄인이 되어 영혼이 죽었습니다. 그래서 하나님의 계시를 감각하지 못하는 자가 되었습니다. 하나님의 계시에 눈먼 자가 되었습니다. 아담이 타락하자 사망에 이르렀다는 말은 영적으로 죽었다는 말입니다. 이를 요한복음 1장에서는 "빛이 어둠에 비치되 어둠이 깨닫지 못하더라"(5절)라고 표현합니다. 이것이 일반 계시입니다. 이처럼 하나님이 등장하고 초월적 방법이 동원되어도 특별 계시가 아닐 수 있습니다. 특별 계시는 하나님이 우리에게 당신 자신을 나타내실 때 우리가 알아볼 수 있도록 은혜를 베푸시는가에 달려 있습니다. 즉, 우리의 죄를 없애시면서 오시면 특별 계시가 됩니다. 반대로 우리의 죄를 그냥 두시고 하나님을 나타내시면 일반 계시입니다.

하나님은 양쪽 모두에서 불성실하신 적이 없습니다. 자연 속에도 하나님의 충만한 자기 계시가 있습니다. 하지만 보통 우리가 말하는 자연 계시, 일반 계시에서는 은혜를 찾을 수가 없습니다. 은혜를 베푸시지 않는 것은 하나님 책임이 아닙니다. 하나님은 은혜를 꼭 베풀어야 하는 채무관계에 있는 분이 아닙니다. 그것은 우리 잘못입니다. 하나님은 충분히 또 충만히 자신을 자연 속에 계시하십니다. 예수 그리스도의 십자가로 계시하는 것 이상으로 태양과 별, 바람, 꽃들 속에 하나님이 드러내시는 하나님 되심이 충만합니다.

그래서 우리가 일반적으로 아침에 뜨는 태양은 일반 계시이고 예수 그리스도의 십자가는 특별 계시라고 생각하지만, 이를 못 박기는 어렵습니다. 예수 그리스도의 십자가도 어떤 이에게는 일반 계시에 불과할 수 있습니다. 하나님이 그에게 십자가를 특별 계시로 제시하지 않으면 십자가가 대체 어떤 의미인지 모를 수 있습니다. 그러면 성경은 특별 계시입니까, 일반 계시입니까? 대개는 읽고 깨우쳐야 알 수 있는 것을 특별 계시라고 하는데 그렇지도 않습니다. 버트런드 러셀이 뭐라고 했습니까? 그는 성경을 수없이 읽고 《나는 왜 기독교인이 아닌가》(사회평론)라는 책을 썼습니다. 그런 의미에서 성경을 특별 계시라고 할 수 없습니다. 그런데 보통 우리가 성경을 특별 계시라고 하는 이유는 무엇 때문입니까? 하나님이 죄 문제를 처리하고 이를 극복하시는 내용을 담고 있어서 일반적으로 특별 계시라 하고, 예수 그리스도의 십자가 역시 그 때문에 특별 계시라 합니다.

하지만 죄 문제를 해결하는 내용을 포함하고 있다고 해서 반드시 특별 계시라고 말하기는 어렵습니다. 많은 사람들이 십자가가 아니라 석양을 보면서, 또는 종소리를 들으면서, 사랑하는 이의 죽음을 겪으면서 예수 그리스도에 대한 믿음이 생겨나 회심에 이르기도 합니다. 그럴 때는 그것들이 특별 계시가 됩니다.

신비가 아닌 내용

여기서 우리가 분명히 해야 할 것은 은혜를 기준으로 특별 계시를 구분해도 로마 가톨릭의 이원론과 뒤섞일 수 있다는 것입니다. 성경은 특별 계시이고 바람에 날리는 아카시아 향기는 자연 계시라고 나누는 것은 로마 가톨릭의 이원론에서 영향을 받은 것입니다. 비록 초월과 자연이라는 영역으로 나누지 않더라도 얼마든지 다른 형태로 둘을 나눌 수 있습니다. 앞에서 예를 들었듯이 성경을 읽고도 회개하지 않는 사람이 있는가 하면, 종소리를 듣고도 회개하는 사람이 있습니다. 그런데도 자연은 괄시하면서 초월은 무조건 높이 떠받드는 사고방식을 유지하는데, 이 같은 구분이 신앙생활에서도 나타납니다. '기도를 했으니까'라며 초월을 높이 치는 모습, 즉 어떤 영적 형태를 추구하는 생활은 무조건 힘이 세다는 발상이 만연합니다. 특히 우리나라 신앙인의 약점 중 하나가 신앙을 자꾸 형태화하는 것입니다. 자연과 일상에서는 하나님의 하나님 되심과 신적 질서와 무게, 그 가치들을 발견하지 못하고 놓친 채, 종교적인 형태를 갖춘 행위들을 신앙의 내용인 양 착각하며 스스로 만족할 위험성이 아주 높습니다.

종교개혁이 일어난 이유가 바로 이 때문이었습니다. 그래서 그 뒤를 잇는 개혁주의 신학에서는 특별 계시의 본질을 신비가 아니라 은혜에서 찾습니다. 그러니까 로마 가톨릭이 영적이고 신적인 것의 실체를 신비에 두었다면, 우리는 그 실체를 신비뿐 아니라 내용에서도 찾습니다. 그래서 타락 이후의 사람에게는 자연 계시로는 안 되고 초자연적 계시밖에 없다고 생각하는 대신, 인간이 타락했기 때문에 하나님이 죄 문제를 해결하시면서 우리에게 다가오신다는 것입니다. 타락하기 전의 아담과 하와는 하나님과 충분히 교제하면서 그분의 계시에 둘러싸여 있었습니다. 어디서나 하나님의 손길을 보고, 하나님의 존재를 파악하고, 생명과 복의 근원이신 하나님을 자각했습니다. 하지만 타락하자 그것들을 모두 놓칩니다. 죽었단 말입니다. 그래서 타락 전에는 자연만으로도 충분했는데 타락 이후에는 초자연으로만 만날 수 있다고 말합니다. 가령 옛날에는 220볼트면 충분했는데, 이제는 22,000볼트로 만나야 한다는 식입니다. 하지만 자연이냐 초자연이냐 하는 문제가 아니라, 인간은 죄 문제가 해결되어야 하나님을 만날 수 있기 때문에 '죄 문제를 하나님 쪽에서 해결하고 넘어오시는 은혜가 전제된 계시'가 차이를 만듭니다. 이 차이로 두 계시가 구분되는 것이지, 자연과 초자연은 기준이 아니라는 말입니다.

로마 가톨릭에서 말하는 계시의 본질은 신비입니다. 신적 계시의 본질이 내용에 있지 않고 신비에 있습니다. 이 신비는 당연히 이해할 수 없고, 이해할 수 있어서도 안 됩니다. 인간이 이해할 수 있으면 그것은 벌써 초월이 아닙니다. 그렇다면 종교개혁가들은 이를 어떻게 바라볼까요? 특별 계시의 본질은 신비가 아니라 은혜에 있다고 봅니다. 종교개혁가들은 형이상학적 삼위일체나 성육신, 화해 교리 자체가 본질이 아니라 그 내용에 본질이 있다고 봅니다. 로마 가톨릭에서는 삼위일체 교리가 갖는 신비 그 자체가 특별 계시라는 증거가 됩니다. 설명이 불가능하므로, 신비하니까, 초월이라고 말합니다. 성육신 역시 설명이 불가능하지 않습니까? 어떻게 사람인 동시에 하나님이신가? 신비 그 자체가 이미 초월입니다. 자연이 아니니까 더 이상 설명할 수도 없고, 해서도 안 되는 그것이 바로 특별 계시의 증거라고 합니다.

그러나 종교개혁가들은 삼위일체나 성육신 교리의 신비가 특별 계시의 본질이 아니라 그것이 갖는 은혜, 즉 인간의 죄 문제를 처리하시는 하나님의 하나님 되심과 하나님의 사역이 특별 계시의 본질이라고 봅니다. 신비가 아니라 내용이 핵심이라는 것입니다. 바로 이것을 우리는 꼭 기억해야 합니다. 로마 가톨릭은 진리가 계시되는 그곳에 기독교의 본질이 있다고 파악했습니다. 이 말이 무슨 뜻입니까? 가령 물이 나오는 곳이 어딥니까? 수원지입니다. 그러니까 그곳이 본질입니다. 성당이 성전으로 성역화하는 이유는 그곳에서 초월이 시행되고 진리가 계시되기 때문이며, 바로 그 장소에 기독교의 본질이 담긴다고 보는 것입니다. 내용이 아니라 영역에 따른 구분입니다.

하지만 종교개혁가들은 지금 우리에게 주어지는 특별 계시는 타락 이전 계시의 보충도 아니며 대체도 아니라고 주장합니다. 타락하기 전 아담이 하나님을 알고 접했던 계시 그 이상이 아니라는 것입니다. 그때는 자연 계시였고 타락 이후에는 특별 계시인데 내용이 달라진 것이 아닙니다. 그런데 무슨 문제 때문에 특별 계시를 동원합니까? 죄 문제를 해결하기 위해서입니다. 그러니까 타락 전에 아담이 알고 있던 하나님과 지금 우리가 아는 하나님은 동일합니다. 하나님의 약속도 같습니다. 하나님이 인간에게 두셨던 목적이나 약속은 바뀌지 않았고 차이도 없습니다. 특별 계시가 '특별'이라는 이름표가 붙는 이유는 오직 은혜라는 내용 때문입니다.

같은 하나님, 같은 계시

이 차이가 중요한 이유는 세대주의라는 관점을 해결해주기 때문입니다. 세대주의 관점이 결국 무엇입니까? 하나님이 인간을 구원하시고 그분의 뜻을 이루어가실 때 그 세대마다 독특한 방법으로 일하신다는 관점입니다. 결국 하나님이 일하시는 방법을 계속 바꾸어나가신다는 것입니다. 이런 생각이 어디까지 숨어들었는지는, 구약 성경과 신약 성경에서 하나님의 일하시는 방법이 다르다는 신자들의 생각에서 알 수 있습니다. 하나님이 구약에서는 율법으로 일하시고 신약에서는 은혜로 일하신다는 사고방식을 거의 모든 신자가 공유하고 있습니다. 구약은 율법이고 신약은 은혜라고 이해합니다. 구약은 행위에, 신약은 은혜에 기반을 둔다고 여깁니다. 이 같은 구별은 은혜의 시대에 사는 이들을 반율법주의자로 만들 수 있습니다. "율법은 이제 필요 없다. 죄를 아무리 많이 지어도 괜찮다. 은혜 만세." 이런 생각이 어디서 나왔는지를 지금 말씀드리는 내용과 잘 연결해서 생각해봐야 합니다.

타락 전 아담에게 자연 계시로만 보여줬더니 타락했다, 그래서 "이제는 그때보다 훨씬 강력한 방법으로 하나님이 우리와 함께하시기로 했다, 따라서 이제는 절대 타락하지 않는다"는 식이 되어서는 안 됩니다. 그때나 지금이나 하나님이 하나님 되심을 나타내는 내용은 다르지 않습니다. 그 방법이 한 번 실패했기 때문에 더 강력한 방법을 사용하신다는 것은 말이 되지 않습니다. 하나님은 영원하시며 실패하시지 않는 분입니다. 변개치 않으시는 분입니다. 그런데 우리는 구약과 신약 시대를 묘하게 대칭시키는 사고방식으로 이를 무색케 만듭니다. 그렇게 우리는 율법 반대주의, 즉 무법주의로 흘러서 '은혜 만세주의'를 외치게 됩니다.

하지만 그렇지 않습니다. 구약 성경도 은혜입니다. 구약이 왜 은혜입니까? 죄를 지은 인간에게 하나님이 그분을 나타내셨으므로 은혜입니다. 심판이 아니라 복 주시기 위해, 구원하시기 위해 그분을 나타내셨는데 인간은 이 하나님을 지금도 알지 못합니다. 하나님의 하나님 되심을 나타내시는 일반 계시를 통해서는 하나님을 보지 못합니다. 하나님이 앞에 와 계셔도 하나님을 보지 못합니다. 빛이 세상에 와도 깨닫지 못합니다. 그런 인간에게 하나님이 자신을 알리셨습니다. 은혜가 전제된 자기 계시입니다. 그렇다면 그것은 벌써 특별 계시입니다. 구약과 신약은 절대 다르지 않고 하나입니다. 구약 시대나 신약 시대나 모든 성도는 예수 그리스도로 말미암아 구원을 얻습니다. 그런데 이상하게도 잘 헷갈립니다. 계시에 대한 뿌리 깊은 오해 때문입니다.

헤르만 바빙크의 《일반 은총론》(총신대학교출판부)에서 계시의 성격을 설명한 부분을 인용해보겠습니다. "은혜의 계시는 먼저 인간과 그 인간의 유래와 목적에 관한 바른 빛을 비춰준다. 이 계시는 우리의 모든 종교적 및 윤리적 지식의 유일한 원리가 된다." 그러니까 은혜의 계시, 즉 특별 계시는 인간의 죄 문제 해결을 전제하기 때문에 이 계시를 받는 것은 하나님의 하나님 되심을 깨닫고 인간의 유래와 목적에 관해 바른 빛을 얻는 것과 같습니다. 여기서 특별 계시는 그 근원이 자연이든 초월이든 구원을 얻게 하는 지식으로 우리를 인도합니다. 이때 자연에서 얻은 지식, 즉 자연 계시에서 얻은 지식은 더 이상 자연 계시라 할 수 없습니다. 은혜의 계시는 자연에서 비롯되었다 해도 특별 계시라고 해야 합니다.

유혹의 변신

앞서 인용한 글은 이렇게 이어집니다.

계시는 구원론적으로 경정東正되었다. 그것은 그리스도에게로 집중되었다. 그것은 은혜를 섬기기 위해 등장한다. 엘로힘이었던 하나님은 자신을 나타내셨고, 여호와는 자신을 알리신다. 화합의 중보자였던 아들은 이제 화해의 중보자가 된다. 성령은 내주하시는 영이셨

다. 그러나 그는 이제 확신과 위로의 영이 된다. 신앙은 일반적 신앙
으로서 이미 아담 안에 있었다. 그러나 이젠 그리스도 안에 있는 하
나님 은혜를 의지하는 특별한 신앙이 칭의의 수단과 구원에의 길이
된다. 복음에 대항하는 원수는 궁극적으로 초자연적 형식보다도 실
세적 내용에 대하여 싸운다(63쪽).

　　신학이 여기까지 발달하기 전에는 사탄이 초월의 모습으로 인
간을 굴복시켰습니다. 그래서 옛날에는 귀신이 나타나는 일이 훨
씬 많았습니다. 도깨비를 보는 사람도 있었습니다. 우리 집에 세
들어 살던 사람도 도깨비와 대화를 나누다가 말을 안 들으면 솥에
가두고 솥뚜껑을 덮어놓았습니다. 도깨비가 잘못했다고 빌면 꺼
내주었습니다. 예전에는 이런 일이 흔했습니다. 계룡산 같은 곳에
가면 도사들이 있는데 기가 막히게 맞춘답니다. 그 사람들 이야기
로는 조그만 꼬마가 들어와서 가르쳐준답니다. 그 사람 귀에만 들
리고 다른 사람에게는 안 들립니다. 이런 식으로 기독교뿐 아니라
다른 종교도 예전에는, 그러니까 인간이 믿었던 원시 종교들은 신
적인 것은 초월적인 무언가라고 생각했습니다. 그래서 사탄은 그
초월성으로 인간을 미혹해 자기 휘하로 끌고 들어가곤 했습니다.
　　그러나 이제는 우리가 아는 바와 같이 특별 계시는 신비가 아니
라 내용입니다. 죄 문제가 걸려 있기 때문에 사탄 역시 초월이 아
니라 내용으로 공격을 합니다. 어떤 내용입니까? 자유주의 신학이
무엇으로 공격해옵니까? 신앙이란 결국 선과 의로 가는 싸움 아

니겠습니까? 꼭 십자가여야 하느냐, 부처와 예수의 만남, 이런 식으로 가는 것입니다. 관념론으로 흐릅니다. 개념으로, 의로, 선으로 가면서 죄 문제를 자꾸 약화시킵니다. 그래서 현대 교회도 최고 약점인 죄 문제를 약화시키고 사업으로 나갑니다. 전도도 좋습니다. 하지만 죄 문제를 등한시한 전도는 전도가 아니라 업적 쌓기입니다. 우리도 모르는 사이에 술술 넘어가고 있습니다. 사탄은 공격 목표를 초월에서 내용으로 바꿨습니다. 이미 크게 벌어지고 있는 전투입니다.

모든 사람은 본성적으로 초자연주의에 끌립니다. 자연주의는 무신론과 마찬가지로 철학이 발견한 것이기에 인간 본성의 지지를 얻기 어렵습니다. 종교가 인간 본질에 속하는 한 인간은 초자연주의자일 수밖에 없고, 앞으로도 그럴 것입니다. 초자연주의가 없는 종교란 없습니다. 그래서 그리스도 안에 있는 계시에 대한 적대감은 항상 윤리적 성격을 띠며, 이런 의미에서 계시에 대한 원수는 바로 죄와 불신앙입니다. 기독교의 가장 큰 적은 언제나 도덕입니다. 신앙의 적은 철학입니다. 여기서 제가 말하는 도덕과 철학은 인본주의입니다. 인본주의는 결국 인간의 가능성을 인정하는 것입니다. 인간의 가능성을 인정하면서 인간이 만들어낼 수 있는 최고의 선과 의에 도달하려는 사상입니다. 기독교는 하나님 앞에서 죄인인 인간의 자각을 강조합니다. 그래서 사탄은 인간의 본성이 가진 초자연주의에 대한 향수에서 진일보하여 이제는 죄라는 문제를 집중 공격합니다. 죄라는 문제가 제대로 파헤쳐져서 인간이 하나님 앞에 항복하는 것을 막고자 죄를 덮고 인간이 자신을 보호하게 만듭니다. 곧, 종교가 윤리성과 철학성을 띠게 함으로 특별 계시에 반항하게 만듭니다.

7

성경을
어떻게 해석할
것인가 1

신적인 것은 초월성을 띨 수밖에 없고 초월만이 신적인 것이라며 초자연주의가 자연을 무시하자, 이에 반발한 자연주의는 초월을 배제하고 오직 자연만으로 그 원리를 삼았습니다. 이 둘은 종교의 두 극단적 형태입니다. 그런데 다른 종교는 물론이고 기독교라는 종교에서도 이 둘의 부작용이 나타나는데, 특히 계시된 내용을 이해하는 데서 두드러집니다.

신비라는 속임수

먼저, 계시가 초월적 성격을 띠는 것에만 관심을 가질 수 있습니다. 하지만 기독교에서 말하는 초월은 방법이 아니라 내용이 초월적이라는 말입니다. 초월은 초자연으로 계시될 수 있고 자연으로도 계시될 수 있습니다. 그런데 보통은 죄인 된 인간, 이성에 갇힌 인간에게 초월적 내용과 사실을 인식시키려다 보면 초자연적 방법이 동원됩니다. 그러다 보니 계시의 내용이 아니라 그 방법의 초월성에 집착해 로마 가톨릭처럼 신비 자체에 몰두할 위험이 생기고, 그 신비가 무엇을 가리키는지는 놓칠 수 있습니다. 마치 손가락이 가리키는 달을 보지 않고 손가락만 쳐다보는 것과 같습니다. 그래서 성모 마리아의 신비를 우러러보면서 마리아를 초월적 중보자로 만듭니다. 마리아에게서 무엇을 해석하려는 태도는 사라지고 마리아 자체를 초자연의 영역으로 격상시켜 신비의 중보자로 만듭니다. 개혁주의의 후예들은 그보다는 그의 신앙과 자세를 추적해야 합니다.

이런 식의 태도가 성경을 해석할 때도 부작용을 낳을 수 있습니다. 가령 '성령의 은사를 받았다'고 하면 무엇을 살펴야 하겠습니까? 그 은사에 어떤 메시지가 있느냐에 집중해야 하는데, 그보다는 은사 자체를 신비와 초월로 떠받들면서 무슨 귀한 보석이나 값진 물건처럼 소유하기를 바랍니다. 이는 마리아를 해석할 필요조차 없는 위치로 격상시키듯, 은사에 어떤 의미가 있는지를 해석해 메시지를 취하지 않고 무조건 떠밀어올려 신비나 초월 자체로 우러러보는 것입니다.

이 점이 바로 성경 해석에서 가장 조심해야 할 대목입니다. '은사란 무엇인가'라는 이야기가 나왔을 때, 고린도전서 12장에서는 무엇을 가장 중요하게 강조합니까? 어떤 한 은사가 다른 은사보다 우월하다고 이야기하지 않습니다. 모두 한 분이 주신 은사요,

다 하나이며 한 몸에서 나온다고 강조합니다. 한 성령으로 말미암아 한 몸을 유익하게 하려고 주신 것입니다. 그러면서 사랑으로 넘어갑니다. 고린도전서 13장의 사랑을 전후문맥을 살펴 해석하면 다음과 같은 이유가 눈에 들어옵니다. "우리가 지금은 거울로 보는 것같이 희미하나 그때에는 … 온전히 알리라"(12절). 즉, 우리에게 은사를 주신 이유는 지금은 우리가 불완전하기 때문에 주어진 보조 수단이라는 것입니다. 이를테면, 우리 시력은 어두운 밤중에는 제 기능을 발휘하지 못합니다. 그래서 손전등이 있어야 합니다. 손전등이 필요하다는 것은 사람의 시력이 불완전하다는 뜻입니다. 그런데 우리는 은사, 즉 초월적인 무언가가 주어지면 오히려 반대로 내가 그나마 초월에 가까워졌다고 이해합니다. 그에 담긴 메시지를 파악하지 않고, 그 자체의 신비와 초월성에만 가치를 매깁니다. 그러면서 오히려 은사에 담긴 메시지를 해석하기는 커녕 거부하는 태도를 취합니다.

기적을 체험하고 기독교 신앙에 입문하는 사람도 있습니다. 그런 사람은 누가 더 큰 체험을 했는지에 걸려 넘어질 수 있습니다. 이와 유사하게, 누가 더 많이 울었느냐, 누가 더 많이 기도했느냐와 같은 것들이 신자들을 넘어뜨리는 올무가 됩니다. 매일 새벽기도를 하느냐 안 하느냐는 신앙과 경건을 훈련하는 측면에서 중요하지, 아무 알맹이가 없는 형식만으로는 무의미합니다. 제가 지금 구분하려는 내용을 잘 이해하셔야 합니다.

그래서 고린도전서 13장에 나오는 은사에 관한 이야기는 결국 은사란 자랑할 것이 아니라 우리가 누구인지를 확인해준다는 것입니다. 방언이 있다, 예언이 있다는 것은 아무리 신앙이 좋아도 완전하지 않다는 반증인 셈입니다. 밤에는 손전등이 필요하고, 바다를 건널 때는 배를 타야 하듯이 은사가 주어지는 이유 또한 마찬가지입니다.

여기서 놓치지 말아야 할 또 다른 메시지는 하나님이 우리를 방치해두지 않으시고 우리가 목적지까지 무사히 가도록 그분의 은혜와 긍휼로 간섭하고 계신데, 바로 그 표지가 은사라는 것입니다. 이것이 고린도전서 13장의 가치입니다.

해석은 전달자의 숙명

이처럼 계시는 초월, 즉 영계에 속한 것을 우리에게 나타냅니다. 때로는 초자연적으로, 때로는 자연의 모습으로 나타납니다. 그런데 우리는 초자연적 형식을 좋아하고 계시를 그런 형식에만 묶어두려는 본성이 있습니다. 앞 장에서 말씀드렸듯이 인간은 종교성에 관한 한 본능적으로 초자연주의자이기 때문입니다. 계시가 초자연적 모습으로 나타나면 그 안에 담긴 내용은 제쳐두고 초월적 모습에만 집착합니다. 심지어 자연의 모습으로 등장해도 가능한 초자연적 형식으로 묶으려는 시도를 서슴지 않습니다.

따라서 우리는 계시의 내용이 초월적 형식을 띠고 나타났을 때 신비와 초월에만 갇혀서는 안 됩니다. 그 안에 담긴 내용을 해석해서 원래 전하려 했던 계시의 내용을 전달해야 합니다. 그런데 문제는 그 내용이 근본적으로 우리의 인식과 이해를 벗어난다는 점입니다. 그렇다고 해서 하나님은 "무슨 물건이 안에 들었는지는 몰라도 된다. 여기까지만 전달해라"는 식으로 우리에게 계시를 전달하라고 명령하시지 않았습니다. 그분이 계시한 내용에 우리가 먼저 항복하고 그 다음에 나아가서 그 내용을 증언하기 원하십니다. 마치 물건을 주머니에 넣고 그냥 전달만 하라는 식으로 계시를 전하라고 맡기시지는 않았습니다. 하나님의 말씀을 맡은 종들은 그분의 스피커나 마차가 아닙니다. 자기도 모르는 내용을 받아서 전달하는 것이 아니라 그 내용에 먼저 스스로를 항복시켜야 합니다. 초월에 속하는 계시의 내용이 우리가 알 수 있는 한계 내로 들어와야 합니다. 우리가 아는 언어를 입고, 우리가 이해할 수 있는 논리를 갖추어야 합니다. 만약 이도 저도 아니라면, 우리의 논리적 차원에서는 이해하기 어렵지만 그것을 압도할 만큼 굉장한 반응을 이끌어내는 무언가로 우리에게 들어와야 합니다. 인간의 이성은 시공간을 뛰어넘는 것을 인식하거나 이해할 수 없지만, 성경에서는 그런 것들을 기적으로 보여줌으로써 초월을 인식시키기도 합니다. 그러므로 인간의 한계 안으로 들어오지 않는다고 해서 꼭 인식할 수 없는 것은 아닙니다.

이렇게 하나님의 종들은 계시의 초월적 내용을 자신이 먼저 흡수한 다음, 다른 이에게 전달합니다. 그런데 이때 그가 이해한 형태는 하나님이 초월적 내용을 전달하고자 그가 알아들을 수 있도록 선택하신 형태입니다. 인간이 이해하는 범주 내에 존재하는 어떤 것과 형태가 같을지라도 그 내용과 실체는 다릅니다. 이 지점에서 해석이 등장합니다.

해석이 필요한 이유는 계시를 담은 형태와 똑같은 모습을 한 것이 이 세상에 있기 때문입니다. 하지만 그것은 세상의 한계 내에 있는 것일 뿐입니다. 계시를 담은 것은 형태만 이 세상 것을 빌렸을 뿐 내용은 다릅니다. 내용은 초월입니다. 초월이 세상에 어떤 형태를 입고 왔는지를 인식하고 거기서 출발해 하나님의 인도하심을 따라 어떤 내용이 그 안에 담겨 있는지를 추적해 들어가야 합니다. 이것이 계시를 해석해야 하는 가장 큰 이유입니다.

자연주의나 근본주의로 빠질 위험

해석을 하지 않으면 두 가지 곁길로 빠지기 쉽습니다. 하나는 처음 말씀드렸듯이 초월, 즉 신비롭다는 가치만으로 고개를 숙이게 됩니다. 마리아 숭배처럼 신비롭기 때문에 그 가치를 인정하게 됩니다. 다른 하나는 자연주의로 넘어가는 것입니다. 해석하지 않고 세상에서 같은 형태를 한 것들이 지닌 내용으로 그 알맹이를 바꿔버리는 것입니다.

자연주의라고 하니 가볍게 들리지만 다른 말로는 이것이 곧 신신학, 자유주의 신학입니다. "예수님이 어떻게 부활을 하셨겠는가? 생각을 해봐라. 그런데 왜 기독교 신자들은 부활했다고 하느냐? 부활한 것과 방불한 감동과 숭배가 있었기 때문이다. 그만큼 그의 가르침과 고귀함이 컸기 때문이다." 이를 가리켜 비신화화 운동이라고 합니다. 기독교 신앙을 유대 민족의 신화로 창고에 집어넣지 말고 그들이 가졌던 지고한 정신과 박애주의를 우리 안에 되살리자는 운동입니다. 그들이 이 신화를 만든 이유, 즉 이 사상이 만들어낸 값어치를 오늘날에도 활용하자는 취지를 반영해 비신화화 운동이라고 합니다. 어떻게 이런 일이 일어날 수 있습니까? 오늘날 대화 가능한 형태로, 우리가 인식할 수 있는 형태로 기독교의 내용을 나타내다 보니, 이 세상에 있는 동일한 형태와 그 내용이 같다고 혼동해버렸기 때문입니다.

그런데 이와 정반대로 향하는 흐름도 있습니다. 근본주의라는 말을 아십니까? 무엇을 근본주의라고 합니까? 앞서 살펴봤듯이 성경은 초월의 내용을 우리가 이해할 수 있는 모습으로 계시합니다. 그런데 근본주의는 특정한 내용은 꼭 특정한 모습만 가져야 한다고 주장합니다. 성경이 어떤 모습이나 형태를 취한 것은 거기에 담긴 내용을 우리에게 이해시키기 위해 입힌 옷일 뿐이지, 반드시 그 모습으로만 등장해야 한다는 뜻은 아닙니다. 그 모습 자체가 초월은 아닙니다. 가령 예수님이 어떻게 생기셨을까요? 아무도 모릅니다. 그분을 직접 본 사람 중에 지금까지 살아 있는 사람은 없으니까요. 하지만 무슨 상관이 있습니까? 예수님의 모습이 꼭 어때야 한다고 고집할 필요는 없습니다. 그런데 그런 식으로 고집을 부리는 쪽이 근본주의입니다.

근본주의를 정의하기는 상당히 모호합니다. 여러 가지 분파가 있는데, 정당한 근본주의도 있고 곤란한 근본주의도 있습니다. 그

중에서도 율법주의적 근본주의가 제일 곤란합니다. 복음서의 안식일 논쟁이 대표적입니다. 예수님의 제자들이 밀밭에서 밀을 까먹자 '안식일을 범했다'는 공격을 받습니다. 예수님은 이렇게 답변하십니다. "안식일이 사람을 위하여 있는 것이요 사람이 안식일을 위하여 있는 것이 아니니"(막 2:27). 그때 예수님과 제자를 공격한 바리새인들을 두고 근본주의자라고 하는데, 그들은 안식일을 지킨다는 말씀에 담긴 의미를 알지 못했습니다.

이 대목이 성경 해석에서 가장 어렵습니다. 특정한 내용이 특정한 형태를 취했다고 해서 언제나 그 형태를 취한다는 뜻은 아닙니다. 이를테면 산상설교에서 나타나는 모든 다툼이 이와 같습니다. 마태복음 5장 후반부에 등장하는 다툼 가운데 하나가 이혼 문제입니다. 이혼을 하려면 이혼 증서를 써주라는 모세의 율법을 유대인들은 어떻게 이해했습니까? 이혼 증서를 써주면 이혼할 수 있다고 생각했습니다. 그런 이들에게 예수님이 뭐라고 하셨습니까? "누구든지 음행한 이유 없이 아내를 버리면 이는 그로 간음하게 함이요 또 누구든지 버림받은 여자에게 장가드는 자도 간음함이니라"(32절)라고 풀어줍니다. 원래 이혼 증서를 써주라는 율법은 이혼을 어렵게 하려는 방편이었습니다. 고대 사회에서는 워낙 남성들이 폭군 같아서 여러 핑계를 대면서 아내를 내쫓았습니다. 이를 방지하기 위해 합법적으로 이혼하려면 상대가 간음한 증거를 제시하고 증인을 세우고 난 다음에야 이혼 증서를 쓸 수 있었습니다. 이혼 증서를 써주라는 율법의 근본 의도는 쉽게 헤어지지 말라는 것입니다. 그런데 이 율법이 나중에는 이혼 증서만 써주면 이혼할 수 있다는 뜻으로 변질되었습니다. 율법주의적 근본주의는 인간의 완악함을 제어하려는 율법의 근본 취지는 보지 못하고 껍데기만 지키는 태도를 고수합니다.

오늘날 교회에서 근본주의가 문제가 되는 대표적 경우가 침례입니다. 물에 완전히 잠겨야 합니까, 아니면 물만 뿌려도 괜찮습니까? 물만 뿌리는 이유는 둘의 의미가 같기 때문입니다. 물 자체에 어떤 효과가 있는 것이 아니라 일종의 상징이므로 물을 뿌리는 것만으로도 충분하다고 생각하는 것입니다. 유아세례도 큰 문제입니다. 침례교에서는 본인의 신앙고백만으로 구원을 얻는다고 생각하여 유아세례를 인정하지 않습니다. 그런데 장로교에서는 왜 유아세례를 줍니까? 은혜로 구원을 얻기 때문에 부모가 하나님 앞에서 자식을 위해 그 은혜를 구할 수 있다고 보기 때문입니다. 유아세례로 구원을 얻을 수 있다는 것이 아니라, 은혜를 구하는 자세가 마땅하다는 것입니다. 이런 문제들의 이면에 근본주의적 발상이 숨어 있습니다.

신앙생활에도 근본주의의 흔적은 선명하게 남아 있습니다. 신앙이 좋은 사람은 꼭 새벽기도를 한다거나 금식기도를 한다는 편견들입니다. 신앙의 좋고 나쁨을 가르는 기준은 무엇입니까? 형태가 아니라 원리가 중요합니다. 자기를 부인하고 자기 십자가를 지는 사람입니다. 온유하고 자비하며, 오래 참으면서 나보다 남을 낮게 여기는 사람입니다. 신앙이 좋으면 기도를 열심히 하고 철야

하고 금식하고 십일조를 꼭 낸다는 쪽으로 기울면 안 됩니다. 사람은 심지어 좋게 보이려고 금식하고 구제할 수 있습니다. 그러므로 그렇게 하지 않는 사람은 신앙이 좋지 않다고 단언할 수도 없습니다. 하나님은 외모를 취하지 않으신다는 사실을 기억하십시오. 형태의 문제가 아닙니다.

다시 성경 해석으로 돌아가봅시다. 서기관과 바리새인들이 간음하다 현장에서 붙잡힌 여인을 데려와서 율법에는 이런 여자를 돌로 치라고 하였는데 예수님은 뭐라고 말하겠느냐고 묻습니다. 그때 예수님이 뭐라고 대답하십니까? "너희 중에 죄 없는 자가 먼저 돌로 치라"(요 8:7)고 하십니다. 기가 막힌 답입니다. 그 말을 듣고는 다들 슬그머니 도망가버립니다. 이것이 해석입니다. 간음한 자를 돌로 치라는 율법은 하나님이 그만큼 죄를 미워하신다는 뜻이지 죄 지은 사람을 언제든지 모여서 죽이자는 뜻이 아닙니다. 하나님이 죄를 싫어하시니 하나님 백성으로 살려면 거룩해야 하고, 그래서 거짓말하지 말고, 살인하지 말라는 율법, 즉 형태가 나중에 왔다고 이해해야 합니다.

지금까지는 잘못된 근본주의의 예를 들었습니다만, 자유주의에 대항할 때는 정당한 근본주의가 필요합니다. 앞서 말했듯이 자유주의란 우리의 이해 범주 내에 있는 내용으로 초월의 내용을 대체하는 것입니다. 이에 대응해 그 내용은 세상의 어떤 것으로 대체할 수 없는 초월이라고 주장하는 것이 정당한 근본주의입니다. 예수 그리스도는 분명히 계셨다, 역사적 인물이다, 하나님의 아들이시다, 그는 정말 죽었다가 살아나셨다고 말하는 것이 정당한 근본주의입니다. 이에 반해 자유주의는 그저 착한 사람이 하나 있었다, 그의 가르침은 역사가 거듭되고 시간이 지나도 인류에게 유익할 정도로 윤리적으로나 도덕적으로 괜찮았다, 천국이 꼭 있는 것이 아니라 그의 가치가 그만큼 고귀한 것이었다고 말합니다.

구약의 '사건'과 신약의 '설명'

그렇다면 이 두 가지 오류를 극복하려면 어떻게 성경을 해석해야 합니까? 이제 성경 해석의 중요한 원리를 살펴봅시다. 모두가 알 듯 성경은 구약 성경과 신약 성경으로 이루어져 있습니다. 구약 성경은 사건 중심으로 기록되어 있고 역사서가 대부분을 차지합니다. 그에 비해 신약 성경은 설명 위주입니다. 왜 그럴까요? 왜 구약은 사건 위주이고 신약은 설명 중심입니까? 거기에는 이유가 있습니다.

영화에 비유해서 간단히 설명하자면, 구약 성경은 화면이고 신약 성경은 자막이라고 할 수 있습니다. 외국 영화를 볼 때 자막이 있는 쪽이 편합니까, 없는 쪽이 이해하기가 쉽습니까? 당연히 있는 쪽이 편합니다. 옛날에 미국에서 스티븐 스필버그 감독의 〈레이더스〉라는 영화를 볼 기회가 있었는데, 자막이 없어서 내용은 대충 알겠는데 결정적 장면은 정확히 이해가 되지 않았습니다. 한국에 와서 자막이 있는 영화로 다시 봐야 했습니다. 내용을 파악하려면 자막이 있는 편이 낫습니다. 화면만으로는 도저히 그 뜻을 정확히 알 수 없습니다. 특히 재판 장면이 많은 영화는 자막이 없으면 말짱 도루묵입니다. 물론 자막만 있고 화면이 없으면 말짱 도루묵인 영화도 많습니다. 〈십계〉라든지 〈벤허〉 같은 영화가 그렇습니다. 하지만 뜻을 이해하는 데는 자막이 있는 편이 낫습니다. 그래서 목회자들이 주로 신약 성경을 많이 이야기합니다. 절대로 구약 성경을 무시한다거나 구약 성경에 자신이 없어서가 아닙니다. 설명하는 입장에서는 너무나 자연스러운 일입니다.

그런데 재미있는 점이 있습니다. 화면 없이 자막만 나오면 단어의 강도를 유추하기 어렵습니다. "너 죽어!"라는 말이 "너 까불면 죽어" 정도의 농담인지, 정말 죽인다는 말인지 알 길이 없습니다. 구약 성경이 왜 사건 중심인지를 여기서 유추할 수 있습니다. 하나님이 우리에게 전달하시려는 초월적 내용은 인간의 언어로는 그 풍성함과 규모를 다 담을 수 없습니다. 그래서 그에 합당한 단어를 고안해야 했습니다. 기존 것으로는 표현 불가능한 초월적 내용을 담아내고 전달할 수 있어야 했습니다. 이를 위해 하나님이 개입하는 역사적 사건을 바탕으로 새로운 단어들이 탄생했습니다. 이를 통해 그 초월적 내용은 언제나 재생될 수 있었습니다.

이를테면, '죄의 삯은 사망'이라는 말이 그냥 죽는다는 정도가 아니라 얼마나 심각한지를 사건화해서 전달함으로써 그 단어가 지닌 초월적·영적 의미가 그 사건으로 늘 재생되는 식입니다. 그래서 사건이 먼저 나옵니다. 하나님이 사랑하신다는 말이 무슨 뜻인지 사건으로 먼저 보여줍니다. 하나님은 이스라엘 백성이 죄를 지었을 때 그들을 그 땅에서 쫓아내셔서 그분의 사랑을 보이십니다. '질투하는 하나님'이 사랑하시기 때문에 더 이상 봐주실 수가 없습니다. 하나님의 사랑이 어떠한지를 우리가 갖고 있는 개념을 뛰어넘어 제시하십니다. 사랑이라는 개념이 신적 영역으로 넓어집니다. 그래서 사건이 먼저 옵니다. 구약 성경의 사건들을 통해, 하나님이 우리에게 하시려는 내용을 담을 수 있는 단어를 만드신 것입니다. 그래서 신약 성경에 나오는 모든 단어, 가령 "하나님이 미워하신다"라는 말이 얼마나 심각한 문제인지가 구약 성경이라는 배경 없이는 완전히 이해하기 어렵습니다.

이를 조금 다른 시각에서 살펴봅시다. 오늘날 성경공부는 보통 성경 내용을 외우는 것을 목표로 삼습니다. 제가 보기에는 꼭 학창 시절 지리 과목을 공부하는 것 같습니다. "멕시코의 수도는 멕시코시티이며, 세계 최대 은 생산국이다"라는 식입니다. 성경을 이런 식으로밖에 가르치지 못하는 현실은 굉장한 난센스입니다.

초등학교와 중고등학교 국어 교육의 가장 큰 차이가 무엇입니까? 초등학교 때는 문자를 가르칩니다. 맞춤법도 공부하고 사전 찾는 법도 배웁니다. 중학교에서는 그 단어들을 엮어서 문장을 짓고 그 안에 자기 생각을 담기 시작합니다. 더 이상 맞춤법이 아니라 사상을 담는 법을 배웁니다. 국어는 결국 무엇을 담아내는 그릇입니다. 알퐁스 도데가 쓴 〈마지막 수업〉에서는 "국어만은 잃지 마라"고 합니다. 국어란 민족정신이며 애국심과 결부된 사상이기 때문입니다. 이처럼 국어 교육은 사상 교육이지 맞춤법 교육이 아닙니다. 그래서 결국 행간을 읽을 줄 알아야 한다는 말까지 나옵니다. 글과 글 사이를 읽을 줄 알아야 한다는 것입니다.

가령 아이가 자꾸 뭘 사달라고 조르면 엄마가 처음에는 안 된다고 주의를 주지만 나중에는 "네 맘대로 해!"라고 소리를 칩니다. 최후통첩인 셈이죠. 그러면 아이는 이제는 안 되겠다 싶어서 그칩니다. 아무리 어린 아이라 해도 이때가 기회다 싶어 자기 마음대로 하지는 않습니다. 또 만약 어떤 엄마가 시험 점수를 낮게 받아 온 아이에게 "너 때문에 창피해 죽겠다. 너는 누구 닮아서 머리가 이렇게 나쁘냐? 다음번에도 70점 맞아 올 거면 집에 들어오지도 마"라고 이야기를 했다고 칩시다. 그 이야기를 들은 아이가 다음번 시험에서도 성적이 제대로 나오질 않아 진짜 집에 안 들어갔더니 오히려 엄마가 울며불며 아이를 찾았습니다. 아이 생각에는 '들어오지 말라고 했으면서 왜 찾으러 다닐까?' 싶은 거죠. 말뜻을 제대로 알아들었어야죠.

성경을 읽다가도 충돌하는 내용을 만납니다. 하나님이 "내가 이 백성을 다 진멸해버리겠다. 모세야, 너로 하여금 새로운 민족을 이루고 이 민족을 다 싹 쓸어버리겠다"고 했다가 모세가 "하나님 그래서야 되겠습니까?" 하고 간곡히 비니까 마음을 돌이키십니다. 그러다가 얼마 지나지 않아 이스라엘 민족과 새로운 언약을 세워 "내가 이방 나라들을 네 앞에서 쫓아내고 네 지경을 넓히겠다"고 하십니다(출 34:24). 그러면 "이상하다. 하나님이 변덕을 부리시네. 지조가 여러 개이신가? 조금 전에는 아주 죽일 듯이 이야기하다가 얼마 안 지나서 '내 백성을 치는 자는 죽을 줄 알라'고 하시네." 이런 경우가 바로 앞의 아이와 같은 상황입니다. 무슨 뜻인지를 제대로 알아야 합니다.

우리의 성경공부는 처음에는 성경의 사건과 그 속에 담긴 단어들을 배우면서 하나님이 어떤 분이시며, 우리를 향해 무슨 뜻을 갖고 계시며, 또 무엇을 요구하시는지를 추려내는 단계까지 나아가야 합니다. 말하자면 성경을 해석할 줄 알아야 합니다. 그런데 요즘은 국어 교육으로 치면 거의 맞춤법 외우기 경쟁 정도에만 머무르고 있습니다. "무슨 내용은 몇 장 몇 절과 몇 장 몇 절!" 이렇게 말하는 데는 도사들입니다. 하지만 성경을 깊이 읽다 보면 몇 장 몇 절 이런 것들은 자꾸 사라지는 것을 느끼게 되실 것입니다.

바둑의 고수들은 정석을 모른다고 합니다. 정석에 얽매이지 않기 위해 배운 정석을 다 잊고 그때마다 새로 만들어 둔다고 합니다. 결국 정석으로 돌아오지만, 거기에 매달리지 않기 위해서 그렇게 합니다. 성경을 읽을 때도 몇 장 몇 절에 얽매이다 보면 성경 어디에 어떤 괜찮은 말씀이 있는지를 외우는, 일종의 주소 외우기 밖에 안 됩니다. 성경 전체가 우리에게 보여주려는 하나님의 하나님 되심과 하나님이 우리를 향해 품으신 뜻, 이런 것들이 하나의 녹아든 뜻으로 안 들어오는 것입니다. 이런 분들이 의외로 많습니다. 주변에 누가 무슨 일로 힘들다고 하면 "거기에 도움이 될 만한 성경 구절은 어디입니다"라고 말하면서 자신도 모르게 어깨에 힘이 들어갑니다. 이것은 난센스에 가깝습니다. 성경이 의미하는 바가 무엇인지 모르고, 즉 성경 해석을 할 줄 몰라서 엉뚱하게 성실해진 경우입니다. 성경 해석이 제대로 이루어질 때, 비로소 여러분은 하나님이 우리에게 하시는 말씀을 마음껏 성경에서 길어올 수 있게 됩니다.

그러기 위해서는 성경 내용, 특정 단어가 성경에서 어떤 뜻을 가지는지를 알아야 합니다. 그러려면 그 단어를 포함한 사건들을 먼저 알아야 합니다. 사건이 그 단어를 정의하기 때문입니다. 그 다음에야 정의된 그 단어로 설명을 할 수 있습니다. 신약 성경은 구약 성경에 비해 훨씬 짧지만 그 내용은 비교할 수 없을 정도로 풍성합니다. 왜냐하면 구약 성경에서 정의한 단어들을 가지고 무시무시한 내용을 설명할 수 있기 때문입니다. 이것이 계시입니다. 그리고 이것이 계시를 해석해야 하는 이유이며, 해석하는 방법이기도 합니다.

다시 처음으로 돌아가봅시다. 화면에 자막이 없으면 화면을 해석하는 데 한계가 생기고, 또 자막만 있고 화면이 없으면 자막 내용의 강도를 놓친다고 했습니다. 이처럼 성경 역시 어느 사건이나 자막이 있고 어느 자막이나 그에 부합하는 사건이 있습니다. 이를 두고 "성경의 계시는 짝이 없는 것이 없다"라고도 합니다. 왜 짝이 있어야 하냐면, 사건과 자막이 함께 다녀야만 계시의 의미를 제대로 인식하고 이해할 수 있기 때문입니다.

예를 들어, 십자가 하면 무조건 무릎을 꿇어야 하는 것이 아닙니다. 십자가는 분명히 세상이 벌주는 한 방식입니다. 가장 처절

하고 흉악한 형벌입니다. 십자가가 우리에게 소중한 이유는 예수의 십자가 처형이 일반적 사건이 아니고 대속 사역이기 때문입니다. 이것을 구별해야 합니다. 이것을 구별하지 않으면 예수의 십자가 역시 중죄인을 처벌한 일반 사건이 되거나(이것이 자연주의죠), 아니면 십자가가 아닌 다른 방법으로 와야 한다는 초월주의로 흐릅니다. 비신자들이 종종 "하나님이 있으면 보여줘봐"라고 항변할 때, 십자가보다는 천군천사의 나팔소리와 함께 구름 타고 오시는 하나님을 강조하고 싶은 마음이 듭니다. 하지만 이렇게 초월주의로 가면 십자가는 설 자리를 잃습니다. 십자가보다는 부활이나 승천, 기적이 강조됩니다.

십자가가 설 자리가 사라지면 우리 신앙도 상식 아니면 초월, 이 양극단으로 흐릅니다. 십자가를 이야기해도 초월의 내용으로 합일되지 않습니다. 그러므로 제대로 성경을 해석하는 법, 성경이 계시하는 방식에 더 많은 주의를 기울여야 합니다.

마지막으로 성경을 제대로 해석하지 못해서 우리가 잃어버린 가장 중요한 핵심을 살펴봅시다. 성경에 기록된 계시의 핵심 내용은 '하나님이 어떤 분이신가'입니다. 구약 성경과 신약 성경을 통틀어 제일 많이 등장합니다. 그 다음이 바로 '그 하나님이 우리를 어떻게 대접하시는가'입니다. 말하자면 하나님이 창조주이시다, 우리를 사랑하시는 아버지이시라는 것입니다. 이 기초가 세워지지 않으면 나머지 것은 자기 위치, 즉 설 자리를 잃게 됩니다. 특히 구약 성경을 잘 보면, 하나님이 누구이신지에 모든 계시가 모아지고 있음을 알게 됩니다. 그런데도 오늘날에는 실존주의의 영향으로, 우리는 성경에서 우리 자신을 가장 많이 강조하게 되어버렸습니다. 하나님 대신 우리의 행복, 우리의 만족, 우리의 기쁨이 중심을 차지하게 되었습니다. 하지만 엉뚱한 것이 중심에 자리하고 있으면, 나머지 모두가 자기 자리를 찾지 못합니다. 바른 성경 해석은 이들을 모두 자기 자리에 되돌려놓는 첫걸음입니다.

8

성경을
어떻게 해석할
것인가 2

이 장에서는 성경 해석이 필요한 다른 이유들을 더 살펴보겠습니다. 먼저 성경은 인격자의 발언이기 때문에 해석이 필요합니다. 왜 인격자의 발언은 해석을 해야 합니까? 그 안에 지, 정, 의가 들어 있기 때문입니다. 우리는 지금까지 성경을 해석하기보다는 정보를 숙지하는 차원에서만 애를 써왔습니다. 머리로만 생각하고 따르면 독재자의 교서밖에 되지 않습니다. 외우고 실천하고, 외우고 실천하기를 단순 반복하는 명령에는 아무런 인격적 요소가 들어 있지 않습니다.

감정과 의지

우선 성경에 감정적 표현이 있다는 것을 모르면 오해할 부분이 많습니다. 이를테면 "분노하시는 자"라는 표현입니다. 이집트를 나온 이스라엘 민족이 시내 산 아래 다 모인 가운데, 모세는 율법을 받으러 산에 올라갔습니다. 그런데 백성들은 산 아래서 금송아지를 만들어놓고 딴짓을 했습니다. 그때 하나님이 이스라엘 백성을 다 진멸하고 모세로 하여금 새로운 민족을 일으키겠다고 진노하십니다. 그랬더니 모세가 뭐라고 합니까? 그 답이 기가 막힙니다. "주의 종 아브라함과 이삭과 이스라엘을 기억하소서." 그랬더니 하나님이 "뜻을 돌이키사 말씀하신 화를 그 백성에게 내리지 아니하시니라"라고 성경은 기록합니다(출 32:11-14). 여기서 우리는 의문이 생깁니다. "하나님은 변개치 아니하시고 식언치 않으신다고 배웠는데 왜 이랬다저랬다 하시지?"라는 질문이 나올 수 있습니다.

이를 감정적 표현이라고 합니다. 한 인격은 지적 표현만으로는 온전히 그려내기 어렵습니다. 기계가 아닌 이상 감정이 있고, 감정이 있어야 그 인격의 풍성함이 드러납니다. 이는 마치 색깔과도 같습니다. 세상이 흑백이 아니라 총천연색이듯 인격의 풍성함도 마찬가지입니다. 하나님이 무엇을 싫어하신다고 했을 때 색깔을 더해서 더 강렬하게 표현하는 방식입니다. 그 색깔, 즉 감정을 통해 우리를 향한 하나님의 사랑 역시 더 풍성하게 표현됩니다. 이 감정을 모르고서는 하나님의 말씀과 뜻을 제대로 이해할 수 없습니다. 하나님이 감정적 표현을 사용하실 때, 이를 지적 차원에서만 이해하면 하나님이 이랬다저랬다 하시는 분으로밖에 보이지 않을 것입니다.

이런 감정적 표현에는 의지도 있습니다. 하나님의 의지는 어떤 목표를 정하면 기어코 그것을 해내신다는 차원에서 이해해야 합니다. 어떤 결과를 만들어내기 위해 필요한 과정, 즉 대가를 치러야 하는 과정을 기꺼이 인정하시는 분입니다. 그러면 욥을 정금같이 만들기 위해 고난을 허락하신 이유도 이해할 수 있습니다. 예루살렘의 초대교회를 핍박 아래 두었던 이유 역시 저들을 흩어 복음을 널리 전하게 하시기 위해서였습니다. 하나님이 어떤 목표를 두고 행하신다는 의지를 놓치면 우리에게 닥치는 사건을 상벌 개념으로만 이해하게 됩니다. 욥의 친구들처럼 "네가 잘못했으니 고난을 받는 것"이라고만 생각하고 성경 역시 그렇게 해석하게 됩니다. 하지만 성경에는 분명히 욥이나 요셉처럼 아무 잘못도 없이 어려움을 당하는 경우가 있으며, 우리도 신앙생활을 하면서 비슷한 경험을 합니다. 이는 무언가를 만들어내기 위한 하나님의 의지가 개입하신 것일 수도 있습니다. 하나님의 의도와 그 의도를 이루어내시려는 굳은 뜻, 또 열매를 맺게 하시려고 어떤 과정을 통과시키시는 하나님의 주도성까지 배워야 합니다. 그래야 성경을 제대로 이해할 수 있습니다.

이것만으로도 성경은 상당히 다른 책이 될 것입니다. 요셉과 욥을 제대로 이해하고 이스라엘의 전 역사를 다시 이해하게 됩니다. 이스라엘의 전 역사를 한 줄로 요약하자면 "인간은 그 속이 변하지 않는 이상 외적으로 무슨 방법과 조건을 제시해도 구원을 얻을 수 없다"라는 것입니다. 이것이 구약 성경의 결론입니다. 그래서 예수 그리스도의 십자가의 필연성이 증명됩니다. 예수 그리스도의 십자가가 하는 일이 무엇입니까? 내적 변화입니다. 우리를 새로 출생시키는 것입니다. 우리를 거듭나게 하시지, 더 이상 설득하고 설명하고 잡아끄는 식으로 오시지 않습니다. 왜냐하면 그것들은 모두 구약의 시도였기 때문입니다. 구약과 신약이 대치한다는 것이 아니라, 구약에서 그것들을 제시함으로 우리가 구원을 얻은 후에 '우리가 누구였는지, 왜 이 방법밖에는 없었는지, 우리가 죄인이었다는 것이 무엇을 뜻하는지'를 납득하게 만듭니다. 이 말은 그래서 결과적으로 구원을 얻는다는 것이 아니라 구원의 결과로 이런 것들을 알게 된다는 뜻입니다. 이 순서를 혼동하지 마십시오.

비유와 우화

앞 장에서, 하나님이 우리에게 알리시려는 내용을 이해하려면 쓰인 단어들을 먼저 영적 내용으로 정의해야 한다고 강조했습니다. 구약의 사건을 통해 신약에서 쓰이는 단어들을 미리 정의해 놓았다고 말씀드렸습니다. 그런데 단어의 의미를 풍성하고 정확하게 정의할 때 사건보다 더 좋은 방법이 있습니다. 바로 비유입니다.

우리가 비유라고 부르는 것에는 보통 비유parable와 우화allegory가 있는데, 이 둘은 어떤 차이가 있습니까? 비유는 '어떤 개념'을 설명하기 위해 우리가 잘 아는 일상의 한 장면을 도입합니다. 우화는 '특정한 무엇'을 가리키기 위해 우리에게 익숙한 것을 상징으로 사용합니다. 빨리 달리는 사람을 가리키면서 '제트기'라고 하면 이는 비유로서 '빠르다'라는 1차 개념만 도입하는 것입니다. 반면, 우화에서 누군가를 가리켜 제트기라고 하면 그 사람은 빠를 뿐 아니라 제트기의 다른 속성들인 비싸고 시끄러우며 파괴적이라는 의미까지 갖게 되어 제트기는 그 사람을 상징하게 됩니다. 비유와 우화를 헷갈리면 어떤 일이 일어나는지 성경 이야기를 통해 살펴봅시다.

우화의 대표적 예는 사사기 9장의 아비멜렉에 관한 기록입니다. "여룹바알의 아들 아비멜렉이 세겜에 가서 그의 어머니의 형제에게 이르러 그들과 그의 외조부의 집의 온 가족에게 말하여 이르되 청하노니 너희는 세겜의 모든 사람들의 귀에 말하라. 여룹바알의 아들 칠십 명이 다 너희를 다스림과 한 사람이 너희를 다스림이 어느 것이 너희에게 나으냐. 또 나는 너희와 골육임을 기억하라 하니"(1-2절).

이렇게 아비멜렉은 어머니의 친족인 세겜 사람들을 끌어들여 스스로 왕이 되려고 합니다. 결국 아비멜렉은 오브라에 있는 그 아비 집에 가서 여룹바알의 아들들, 곧 자기 형제 칠십 명을 다 죽입니다. 여룹바알이 누구입니까? 기드온입니다. 그 기드온에게 아들이 칠십 명이나 있었습니다. 아비멜렉이 형제들을 다 죽였지만 요담만 살아남습니다. 요담이 세겜 사람들에게 가서 이 사건을 우화로 전합니다.

하루는 나무들이 나가서 기름을 부어 자신들 위에 왕으로 삼으려 하여 감람나무에게 이르되 너는 우리 위에 왕이 되라 하매 감람나무가 그들에게 이르되 내게 있는 나의 기름은 하나님과 사람을 영화롭게 하나니 내가 어찌 그것을 버리고 가서 나무들 위에 우쭐대리요 한지라. 나무들이 또 무화과나무에게 이르되 너는 와서 우리 위에 왕이 되라 하매 무화과나무가 그들에게 이르되 나의 단 것과 나의 아름다운 열매를 내가 어찌 버리고 가서 나무들 위에 우쭐대리요 한지라. 나무들이 또 포도나무에게 이르되 너는 와서 우리 위에 왕이 되라 하매 포도나무가 그들에게 이르되 하나님과 사람을 기쁘게 하는 내 포도주를 내가 어찌 버리고 가서 나무들 위에 우쭐대리요 한지라. 이에 모든 나무가 가시나무에게 이르되 너는 와서 우리 위에 왕이 되라 하매 가시나무가 나무들에게 이르되 너희가 참으로 내게 기름을 부어 너희 위에 왕으로 삼겠거든 와서 내 그늘에 피하라. 그리하지 아니하면 불이 가시나무에서 나와서 레바논의 백향목을 사를 것이니라 하였느니라(삿 9:8-15).

나무는 원래 왕이 필요 없는 존재입니다. 자기가 원하는 곳으로 움직일 수도 없는데 한 나무가 다른 나무들의 왕이 되어 다스리는 것이 무슨 의미가 있겠습니까? 그러니까 이 우화는 나무 이야기가 아니라 무엇을 상징합니다. 나무는 스스로를 보호할 수 없고 사람의 보호를 받아야만 합니다. 가치 있는 나무라면 사람들이 나서서 그 나무를 보호합니다. 이 때문에 이 이야기는 알레고리가 됩니다.

감람나무는 자신이 기름을 내는 한 누가 해치도록 주인이 가만 놔두지 않을 것이기 때문에 왕이 되어 스스로 보호할 필요가 없다는 것을 알고는 거절합니다. 무화과나무 역시 무화과 열매를 맺는 한 사람들이 그를 해칠 리 없다는 것을 알고 왕이 되기를 사양합니다. 포도나무도 마찬가지입니다. 그런데 왜 가시나무만 왕을 하겠다고 나섭니까? 가시나무가 가진 가시로는 보호받을 만한 가치가 없기 때문입니다. 그러니 나설 수밖에 없습니다.

요담은 이 이야기로 세겜 사람들이 이런 형편이라고 지적합니다. "너희가 하나님 앞에서 보호받을 만한 가치가 있다면 너희를 건드리지 않을 텐데, 감람나무나 무화과나무나 포도나무처럼 너희의 가치를 하나님 앞에서 확보하지 않고 너희를 보호할 자를 따로 가졌다"고 경고합니다. 반면에, 가시나무나 칡넝쿨 같은 것은 크면 클수록 어떻게 합니까? 쳐내버립니다. "나무는 가치가 있는 한 거름을 주고 울타리도 치고 보호하는 법이다." 이것이 알레고리입니다.

비유의 대표적 예는 누가복음 10장에 나오는 선한 사마리아인 이야기입니다. 이 비유는 여러 면에서 아주 흥미로운데, 우선 이 비유가 등장한 맥락을 주목해봐야 합니다. 한 율법교사가 예수에게 "어떻게 해야 영생을 얻습니까?"라고 묻자 예수는 "율법에는 무엇이라고 기록되어 있습니까?"라고 되묻습니다. 그러자 율법교사가 "하나님을 사랑하고 이웃을 사랑하라고 했습니다"라고 답을 합니다. 이에 예수는 "그렇게 하세요"라면서 이 비유를 시작합니다. 비유를 마치고 "이대로 하세요"라고 하자, 율법교사는 다시 "네, 제 이웃을 사랑하겠습니다. 그런데 어디까지가 제 이웃입니까? 어디까지 사랑해야 하는지요? 그 울타리를 쳐주십시오"라고 요청합니다. 예수의 답은 "강도를 당한 사람 쪽에서 볼 때 누가 이웃이었을까요?"입니다. 질문은 "어디까지 사랑을 베풀어야 합니까?"였는데, 답은 의외로 "도움이 필요한 사람 쪽에서 볼 때 누가 이웃이었겠습니까"로 나옵니다.

이 본문으로 "선한 사마리아인이 됩시다"라고만 설교하면 너무 아쉽습니다. 하지만 이 내용은 그 정도가 아니라 아주 어렵습니다. 이를 설명하려다 보니 비유가 등장하고 있습니다. 잘 아시듯 이 비유는 어떤 한 사람이 예루살렘에서 여리고로 내려가다가 강도를 만난 이야기입니다. 하지만 이런 내용은 무대장치에 불과합니다. 예루살렘, 여리고, 강도를 만나는 사건, 이것들은 당시 이스라엘 백성의 일상에 녹아 있는 평범한 것들입니다. 예수가 지금 밝히려는 것은, 재난을 당한 사람 쪽에서 볼 때 누가 고맙냐는 것입니다.

그런데 언젠가 이 성경 본문을 이렇게 해석하는 설교를 들은 적이 있습니다. "이 재난은 강도 만난 자의 신앙적 타락을 의미합니다. 왜냐하면 그가 예루살렘에서 여리고로 내려갔기 때문입니다. 성전이 있는 예루살렘에서 여호수아가 저주했던 여리고 성으로 내려갔기 때문입니다. 성전의 도시에서 저주의 도시로, 즉 주를 믿는 데서 세상으로 나가려다가 재난을 당했습니다. 그렇다면 선한 사마리아인은 누굴까요? 바로 예수님입니다. 예수님이 강도 만난 자를 나귀에 태우고 가셨는데, 나귀는 하나님의 종들을 상징합니다. 그를 싸맨 것은 성령으로 치료한 것이며, 그 여관집 주인은 하나님 아버지이십니다. 주고 간 엽전 둘은 구약과 신약입니다."

이는 알레고리로 접근해서 나온 해석입니다. 하지만 이 이야기는 알레고리가 아니라 비유입니다. 여기서 나머지 배경은 아무 의미가 없어서 아무래도 좋은 것들입니다. 우리 식으로 바꾸어 남대문 시장에 가다가 소매치기를 당했다고 해봅시다. "왜 하필 남대문 시장입니까?"라고 물으면 동대문 시장으로 바꾸어도 그만입니다. 동대문 시장이어도 되고 어디여도 상관없습니다. 무엇을 말하려는 것입니까? 강도 만난 사건이라는 1차적 의미만 빌려오자는 것입니다. 원래 말하려는 내용을 설명하기 위해서는 그 사건이면 충분합니다. 이것이 비유입니다.

비유에서 제일 많이 혼동하는 성경 본문을 하나 더 해석하고 넘어갑시다. 마태복음 13장 3-9절입니다.

예수께서 비유로 여러 가지를 그들에게 말씀하여 이르시되 씨를 뿌리는 자가 뿌리러 나가서 뿌릴새 더러는 길 가에 떨어지매 새들이 와서 먹어버렸고 더러는 흙이 얕은 돌밭에 떨어지매 흙이 깊지 아니하므로 곧 싹이 나오나 해가 돋은 후에 타서 뿌리가 없으므로 말랐고 더러는 가시떨기 위에 떨어지매 가시가 자라서 기운을 막았고 더

러는 좋은 땅에 떨어지매 어떤 것은 백 배, 어떤 것은 육십 배, 어떤 것은 삼십 배의 결실을 하였느니라. 귀 있는 자는 들으라 하시니라.

잘 아시듯 씨 뿌리는 비유입니다. 이 본문으로 "우리도 옥토가 됩시다"라고 말하면 원래 의도에서 빗나가는 것입니다. 설교를 그렇게 할 수는 있어도 본문 해석으로는 맞지 않습니다. "우리도 삼십 배, 육십 배, 백 배의 결실을 맺는 옥토가 됩시다. 우리 마음에서 가시떨기를 걷어내고 돌밭을 갈아 옥토로 만듭시다"는 이 비유가 주장하는 바가 아닙니다. 앞서 이야기한 "예루살렘에서 여리고로 내려가지 맙시다"라는 해석과 똑같은 실수를 범하는 것입니다. 성경 전체에서 이야기하는 내용과는 일치하지만 이 본문이 전하려는 내용은 아닙니다.

이어지는 설명에서 제가 지금 증명하려는 바가 더욱 선명해집니다. 18절부터 23절까지를 보십시오.

그런즉 씨 뿌리는 비유를 들으라. 아무나 천국 말씀을 듣고 깨닫지 못할 때는 악한 자가 와서 그 마음에 뿌려진 것을 빼앗나니 이는 곧 길 가에 뿌려진 자요. 돌밭에 뿌려졌다는 것은 말씀을 듣고 즉시 기쁨으로 받되 그 속에 뿌리가 없어 잠시 견디다가 말씀으로 말미암아 환난이나 박해가 일어날 때에는 곧 넘어지는 자요. 가시떨기에 뿌려졌다는 것은 말씀을 들으나 세상의 염려와 재물의 유혹에 말씀이 막혀 결실하지 못하는 자요. 좋은 땅에 뿌려졌다는 것은 말씀을 듣고 깨닫는 자니 결실하여 어떤 것은 백 배, 어떤 것은 육십 배, 어떤 것은 삼십 배가 되느니라 하시더라.

초점은 밭이 아닙니다. 길 가, 돌밭, 가시떨기, 옥토에 대한 이야기가 아닙니다. 씨 뿌리는 비유입니다. 하나님의 절대적이고 생명 가득한 내용이 세상 것들에 방해받을 수 있는 형태로 들어오고 있다는 것이 핵심입니다. 여러분도 씨를 뿌려보면 아시겠지만, 한 알 한 알 심지 않고 그냥 흩어서 뿌립니다. 길 가에도 떨어지고 새가 집어 먹기도 합니다. 하나님의 말씀이 그 영광과 권세를 감추고 방해받을 수 있는 모습, 즉 우리를 설득하고 초청하는 형태로 들어왔다는 뜻입니다. 그래서 밭의 비유가 아니라 씨 뿌리는 비유입니다.

절대적이고 권세 있는 말씀이 세상 염려나 재물 같은 것들에 의해 방해받을 수 있다는 것입니다. 만일 하나님 영광의 실체와 사탄의 진면목이 동시에 계시된다면 우리는 분명히 하나님의 영광을 선택할 것입니다. 그런데 천국이 우리를 설득하고 초청하기 위해 절대적 권위와 영광의 모습을 감추고 씨처럼 뿌려지기 때문에 우리가 몰라보는 것입니다. 예수 그리스도에 침을 뱉고 때려도 아무렇지 않은 방식으로 천국이 와 있다는 것입니다. '천국은 지금 우리에게 이런 모습으로 와 있다'는 비유입니다. 그러니까 여기서 우리가 찾아야 할 것은 이것입니다. "천국은 지금 권세와 영광을 버린 채로 우리 곁에 와 있다. 예수님이 인간들에게 외면당하고 오해 받고 수욕을 당할 수 있는 모습으로 와 있기 때문에, 사람들이 그를 거부할 수도 있고 세상 여러 것들이 그를 방해할 수 있다. 그렇다고 하나님의 뜻이 방해 받는 것은 아니며, 천국의 모습이 현재 그렇다는 것이다." 이것만을 건져야 합니다. 그 이상은 건드리면 안 됩니다.

성경신학

이제 한 걸음 더 나아가 다음 차원으로 들어가봅시다. 하나님은 무한하시고 아니 계신 곳도 없으시고 능치 못할 것이 없으시기에 그분을 온전히 담을 방법이 우리에게는 없습니다. 그래서 하나님이 보이시는 그분의 모습이나 알려주시는 그분의 뜻을 여러 부분으로 나눠서 설명할 수밖에 없습니다. 이때 성경 해석에서 조직신학적 접근이 중요하게 떠오릅니다. 조직신학적 접근은 성경에 나오는 하나님의 공의, 사랑, 목표 등을 설명하고 제시할 때 이것들이 나뉘어져 있지 않고 어떤 사건에 녹아들어가 있다고 봅니다. 이를테면 자동차 광고를 생각해보십시오. 신차가 나왔을 때 보통은 차가 제일 잘 보이는 정면의 약간 측면을 찍어서 보여줍니다. 그러면 전면이 반쯤 나오고 측면도 반쯤 나옵니다. 그런데 문제는 뒷면은 전혀 보이지 않는다는 것입니다. 이처럼 성경도 어느 부분을 읽으면 하나님의 어떤 면을 확대해 만나게 됩니다. 그래서 각 부분에서 만나는 하나님의 여러 면을 어떻게 볼 것인지를 탐구하고 이를 제대로 끼워 맞추는 것이 조직신학입니다.

조직신학을 논의하기 전에 몇 가지 얽힌 사항들을 먼저 살펴봐야 합니다. 성경신학을 먼저 이해해야 합니다. 성경신학이 왜 등장했을까요? 인간은 조직신학적 접근에 익숙합니다. 주제별 연구가 성경을 이해하는 방법으로는 제일 좋았기 때문입니다. 조직신학이 발달하지 않았을 때는 성경을 증거 구절prove text로 많이 오해했습니다. 초신자들이 이런 실수를 많이 하는데, 이를테면 "우리가 다른 사람을 왜 사랑해야 하는가?"라는 물음에 "여기에 사랑하라고 쓰여 있다"라고 증거 구절을 제시하는 것입니다. "요한복음 13장 34절에 서로 사랑하라고 했다. 그러면 내 제자인줄 안다고 했으니 우리는 사랑해야 한다"고 말하는 것입니다.

　하나님이 결국에는 우리 모두를 구원하실 것이라는 만인구원설이 있습니다. 구원받지 못한 사람에게도 제2의 기회를 주시지 않겠느냐는 입장인데, 요한복음 3장 16절을 증거 구절로 듭니다. 하나님이 "세상을" 이처럼 사랑하신다고 했지, 자기 백성을 이처럼 사랑하신다고는 안 했다는 것입니다. 일리가 있긴 합니다만, 여기서 우리가 한 가지 주의할 점이 있습니다. 상대가 믿는 바를 정보나 주장의 차이로 여기지 않고, 우리 교리를 내세워 단호히 배격하는 것이 보수주의는 아닙니다. 나와 다르면 무조건 틀리다고 밀어내지 마시고 상대에게도 일리가 있다는 것을 알아야 합니다. 하지만 일리만 있습니다. 증거 구절로만 성경을 사용하기 때문에 생긴 부작용입니다.

　이런 부작용들이 문서설을 낳았습니다. 성직자들이 성경을 말도 안 되게 인용하고 자기들이 하고 싶은 이야기만 하다 보니 결국 문서설에 힘을 실어주고 말았습니다. 성직자들이 성경을 오용하는 대표적인 예가 건축헌금을 독려하면서 아브라함과 이삭을 증거 구절로 제시하는 것입니다. 그러면서 아브라함은 이삭도 바쳤다, 이삭도 바쳤는데 그까짓 집 하나도 못 바치느냐고 합니다. "너희를 위하여 보물을 하늘에 쌓아두라"(마 6:20)는 성경 구절도 자주 인용합니다. 하지만 이 구절은 영적인 일과 종교적인 일에 돈을 출자하라는 뜻만은 아닙니다. 이런 식으로 자기가 하려는 일의 근거 구절로만 성경을 인용하다 보니, 사람들이 성경을 다시 따져보고 그런 뜻이 아니라는 것을 발견하기 시작합니다. 문맥을 살핀 해석이 중요해집니다.

나의 목적만 염두에 두고 거기에 해당하는 단어만 나오면 연결하는 방식, 즉 조직신학적인 차원에서 성경을 읽지 말고, 성경 본문의 단어와 표현에 어떤 의미와 의도가 있는지를 먼저 추적하는 성경신학이 대두합니다. 성경신학은 문맥을 중요하게 여기고, 겉으로 드러난 표현보다는 그 아래 감추어진 의미를 추적하는 데 온 힘을 쏟습니다.

성경신학은 성경 본문을 자기 목적에 맞춰 증거 구절로 삼는 것에도 유용했지만, 이보다는 문서설 같은 부정적 반발에 대응하는 방편으로 각광을 받습니다. 문서설에서는 성경 적용이 왜 엉터리로 이루어지는지를 살펴봤더니, 문맥 자체가 짜깁기되었기 때문에 발생한 부차적 문제라고 주장합니다. 성경 본문이 원래 한 사건과 한 문장이 아니라 후대에 누군가가 말이 되도록 여러 문서의 내용을 짜깁기한 결과라고 말합니다. 그래서 이 부분은 J문서, 다른 쪽은 E문서, 또 다른 부분은 D문서, P문서라고 주장합니다. 이렇듯 짜깁기한 문서이다 보니, 애초부터 성직자가 이 본문을 놓고 얼토당토않은 말을 할 가능성이 농후했다고 설명합니다. 결국 문서의 기원이 문제라는 것입니다.

이에 대한 응답으로 뒤늦게 등장한 것이 성경신학입니다. 문맥을 통해 보면 본래 의도와 의미를 찾아낼 수 있다고 주장하면서 전면으로 부상합니다. 단어의 뜻도 물론 중요하지만 전체적 맥락에서 해석하면 결국 그 단어의 뜻이 끝까지 고집을 부리지는 못합니다. 그런 갈림길에서 어느 쪽을 강조해야 할지는 상당히 숙달되어야 가능한 일입니다. 말하자면 영력이며 성령의 조명이 필요한 지점입니다.

그렇게 19세기에 일어난 문서설, 성경에 대해 비평적인 여러 사조 때문에 이에 대응하는 성경신학의 필요성이 절실해집니다. 그래서 20세기 들어 성경신학이 각광을 받기 시작합니다. 성경 본문과 그 의도에 더 주의를 기울이고 집중하자는 흐름이 20세기 들어와서는 상당히 중요한 신학 사조 중 하나로 자리 잡습니다.

하지만 여기에서도 한 가지 문제가 발생합니다. 마가복음 16장을 예로 들어봅시다.

또 이르시되 너희는 온 천하에 다니며 만민에게 복음을 전파하라.

믿고 세례를 받는 사람은 구원을 얻을 것이요 믿지 않는 사람은 정죄를 받으리라. 믿는 자들에게는 이런 표적이 따르리니 곧 그들이 내 이름으로 귀신을 쫓아내며 새 방언을 말하며 뱀을 집어 올리며 무슨 독을 마실지라도 해를 받지 아니하며 병든 사람에게 손을 얹은즉 나으리라 하시더라(15-18절).

여러분, 이 말씀을 믿으십니까? 믿지만 이 말씀을 시험해볼 마음은 없지 않습니까? 독을 마시고 뱀을 집을 마음은 없지요? 그러니까 오늘날 우리가 당면한 문제 중 하나는 결국 조직신학이나 성경신학 어느 한쪽의 극단적 입장만 취해서는 성경 해석에 부족함이 있다는 사실입니다. 처음 말씀드렸듯이 인간은 무엇을 이해할 때 주제별로 접근하기를 좋아합니다. 조직신학적 접근이 인간이 이해하는 데 가장 좋은 방법인 것은 사실입니다. 하지만 성경신학적 접근이 선행되어야 합니다. 그 위에 조직신학이 서야 한다는 것이 최근 성경신학의 답입니다.

조직신학

마가복음 16장도 성경신학 차원에서는 아무리 읽어도 답이 나오지 않습니다. 문맥만으로는 해답이 나오지 않아서 조직신학의 도움을 받아야 합니다. 같은 의미를 지닌 것들을 분류하고 검토하고 짜 맞추어 전체 모습을 제대로 발견하는 도움이 필요합니다.

이제 성경 본문을 해석해봅시다. 이를 위해서는 주님이 제자들에게 남기신 마지막 약속을 검토해보는 것이 제일 좋습니다. 부활한 예수님이 제자들에게 나타나셔서 약속된 성령을 기다리라고 하고, 온 천하 만민에게 복음을 전하라고 요구하는 마태복음 28장으로 가봅시다.

> 예수께서 나아와 말씀하여 이르시되 하늘과 땅의 모든 권세를 내게 주셨으니 그러므로 너희는 가서 모든 민족을 제자로 삼아 아버지와 아들과 성령의 이름으로 세례를 베풀고 내가 너희에게 분부한 모든 것을 가르쳐 지키게 하라. 볼지어다, 내가 세상 끝날까지 너희와 항상 함께 있으리라 하시니라(18-20절).

여기서는 제자들에게 여러 표적은 이야기하지 않고, 땅 끝까지 증인이 되라는 요구와 하늘과 땅의 모든 권세를 가졌고 세상 끝날까지 함께하리라는 약속을 언급합니다. 이를 마가복음 16장과 합치면 이렇게 됩니다. 하나님은 그분이 하시려는 일을 하시고야 말 것입니다. 그분이 원하시는 바는 예수 그리스도의 속죄 사역이 땅 끝까지 이르러 모든 열방에게 전파되는 것입니다. 그 일을 사도들에게 맡겼고 그 일은 실패할 수 없는 일입니다. 그 일이 예수 그리스도가 오신 가장 중요한 목적이며 의도인 이상, 세상에서 아무리 악독하고 힘센 것이라도 그 목적을 좌절시키거나 방해할 수 없다는 것이 마가복음 16장 15절 이하의 말씀인 셈입니다. 이런 성경 해석이 가장 대표적인 조직신학적 접근입니다.

요한복음 3장 16절을 만인구원설로 보지 않는 가장 큰 이유도 "내 양은 내 음성을 들으며 나는 그들을 알며 그들은 나를 따르느니라"(요 10:27)와 같은 다른 많은 구절에서 그 사실을 뒷받침하기 때문입니다. 이는 분명히 조직신학적 접근입니다. 둘 중 어느 것이 더 낫다는 이야기가 아닙니다. 조직신학에서 구원론을 다룰 때, 만인구원설인지 선택설인지를 주장할 때, 예정설로 종합하기 위해 가져오는 그 증거 구절들을 문맥에 맞게 확실하게 갖다 맞추라는 것입니다. 다시 사진을 예로 들어봅시다. 한 앵글에 들어오지 않는 넓은 곳을 사진에 담으려면 어떻게 해야 합니까? 나눠 찍은 후 합칩니다. 그런데 나눠 찍을 때 전체를 못 찍는다고 대강 찍지 말고 쪼개 찍는 곳만큼은 분명하게 찍어서 합쳐야 합니다. 성경신학으로 문맥 속 개념을 파악할 때 그 부분만큼도 분명하게 하라는 것입니다. 하지만 그것이 전부가 아니라는 것을 항상 염두에 둬야 합니다. 그 한 구절이 전체를 대표할 수는 없습니다.

구약과 신약을 함께 살필 때도 놀라운 점을 발견합니다. 구약에 이미 십자가가 들어 있습니다. 하지만 신약과는 다른 모습입니다. 십자가가 일종의 씨앗 형태로 감춰져 있기 때문입니다. 신약에 와서야 십자가는 꽃이 피고 열매를 맺습니다. 그렇다고 구약에는 십자가 없다고 말하면 안 됩니다. 구약의 율법 안에도 복음이 있습니다. 창세기 3장 15절에 이미 복음과 십자가가 드러나 있지 않습니까? 그런데 씨앗 형태로 들어 있을 때는 보통 스케일이 아주 큽니다. 크기는 작지만 많은 것들을 품고 있습니다. 확대해서 보면 내용은 분명해지지만 한 부분만 보게 됩니다. 이것이 성경을 해석하는 방법이며 여러분이 성경을 보는 눈입니다.

오늘날 성경을 열심히 공부하는 이들이 두 가지 올무에 자주 걸리는 모습을 봅니다. 하나는 성경의 사건과 내용을 너무 많이 알아서 앞서 말씀드렸듯이 '철자법' 정확히 맞추는 사람으로 전락하는 것입니다. "성경에서 'ㄹㅎ' 받침 들어가는 것을 열 개 써라"라고 하면 척척 쓰는 사람이 신앙이 좋고 하나님을 많이 안다고 여겨집니다. 하나님이 오늘 체크무늬 셔츠에 청바지를 입고 오셨는데 어떤 체크 무늬였는지, 바지 한쪽이 다른 쪽보다 5센티미터 짧았다고 외우는 식입니다. 하나님과 만나 이야기를 나누고 그분의 뜻을 알아가는 것이 아니라 성경을 몽땅 그렇게 외웁니다. 어디에는 무슨 말씀이 있고, 어디에는 무슨 말씀이 있고… 무슨 단어가 나오면 척척 찾아서 빨간 줄 치고 파란 줄 치고….

두 번째 올무는 성경 내용을 성경신학적 방법으로 붙잡지만 가난한 방법으로 물고 늘어지는 것입니다. 옛날에 이런 일이 있었답니다. 한국전쟁 때 어느 목사님이 순교할 각오로 교회를 지키고 있는데 도망친 국군 둘이 찾아왔습니다. 숨겨달라는 말에 다락에 숨겨줬습니다. 얼마 지나지 않아 인민군이 들어왔어요. "목사 동무! 하나님 동무의 이름을 걸고 맹세하시오. 국방군 두 마리 들어왔지?" "안 왔습니다." "그럼 하나님 이름을 걸고 맹세할 수 있어?" 그러자 이 목사님이 발을 구르면서, "여기 절대 안 왔다고 맹세합니다"라고 말합니다. 그제야 목사의 맹세를 믿고 돌아갔습니다. 그러고 나서 숨어 있던 군인 둘이 나오더니 목사에게 물었답니다. "목사님, 우리를 살려주신 건 고맙지만, 하나님의 이름을 걸고 맹세까지 하고 거짓말을 했으니 어쩌면 좋습니까?" 그런데 목사님은 자기가 거짓말을 안 했대요. "내가 마루를 발로 구르면서 마루에 감추지 않았다고 했지, 다락에 감추지 않았다고는 안 했습니다." 바로 이런 식의 발상을 합니다.

거짓말이 무엇입니까? 성경이 말하는 거짓말이란 하나님 편을 들지 않는 것입니다. 사탄을 뭐라고 부릅니까? "그는 처음부터 살인한 자요 … 거짓의 아비다"(요 8:44). 처음부터 살인자요 거짓의 아비라는 말은 하나님 반대편에 섰다는 뜻입니다. 모세가 태어났을 때 산파들은 거짓말을 했습니다. 태어난 아이가 남자면 죽이라고 했는데 살립니다. 하나님을 두려워해 죽이지 않습니다. 그래서 하나님 앞에서 칭찬을 받습니다. 라합은 정탐군을 감춰주고 거짓말까지 하지만 예수의 족보에 이름을 올립니다.

이처럼 무엇이 거짓말인지에 대한 오해가 많습니다. 그래서 유치한 성경신학적 발상은 곤란합니다. "여기 성경이 그랬어"라고 말하는데 아주 골치 아픕니다. 성경에 그렇게 되어 있으니까 따른다는데, 말릴 방법이 없습니다. 이 두 가지가 제일 해결하기 어려운 올무입니다. 신자들이 좋은 신앙을 가지려는 열심은 있지만 무지해서 스스로 올무에 걸리는 대표적인 경우입니다. 여러분은 이런 올무에 걸리지 마시기 바랍니다.

9

성경을
어떻게 해석할
것인가 3

지난 장에 이어 비유를 조금 더 살펴보겠습니다. 사람들이 제일 많이 오해하는 비유에는 어떤 게 있을까요? 씨 뿌리는 비유, 선한 사마리아인 비유는 이미 말씀드렸습니다.

우리가 오해하는 비유들

그 다음으로 많이 오해하는 비유가 누가복음 18장에 나오는 과부의 기도입니다. 우리는 종종 이 기도를 붙잡고 늘어지면 응답을 받는다는 식으로 오해합니다.

예수께서 그들에게 항상 기도하고 낙심하지 말아야 할 것을 비유로 말씀하여 이르시되 어떤 도시에 하나님을 두려워하지 않고 사람을 무시하는 한 재판장이 있는데 그 도시에 한 과부가 있어 자주 그에게 가서 내 원수에 대한 나의 원한을 풀어주소서 하되 그가 얼마 동안 듣지 아니하다가 후에 속으로 생각하되 내가 하나님을 두려워하지 않고 사람을 무시하나 이 과부가 나를 번거롭게 하니 내가 그 원한을 풀어주리라. 그렇지 않으면 늘 와서 나를 괴롭게 하리라 하였느니라(눅 18:1-5).

1절을 보면, 항상 기도하고 낙심하지 말아야 할 이유를 비유로 가르치신 내용입니다. 이 비유의 핵심은 무엇입니까? 낙심하지 말아야 하는데 왜 그게 어렵습니까? 응답받는 방법이나 응답받을 확률에 관한 문제가 아닙니다. 내가 요구하는 바와 응답이 다를 수 있기 때문에 낙심합니다. 다를 수 있다는 것은 더디어 보이기도 하고 내가 요구한 대로 이루어지지 않을 수도 있다는 것입니다. 그럴 때 내 기도가 상달되지 않거나 하나님이 무시해서가 아니라, 하나님이 적당한 때와 상황을 정하신다는 사실을 기억해야 합니다. 이를 깨우치기 위한 비유입니다.

그런데 불의한 재판관은, 아무 힘도 없고 가진 것도 없어서 나올 것도 없는 과부의 송사를 무시합니다. 하지만 하나님은 다르십니다. "하나님과 너희는 아버지와 자식 관계이며, 하나님은 불의하시지도 않다. 그런데 어떻게 하나님이 너희 기도에 응답하시지 않겠느냐?" 이것이 이 비유의 핵심입니다. 그런데 우리는 이 비유를 하나님을 귀찮게 해야 기도를 들어주신다는 식으로 해석하고 인용합니다. 이 본문과는 전혀 상관없는 내용입니다. 선한 사마리아인 비유에서 "왜 하필 예루살렘에서 여리고로 갔습니까?"라고 묻는 것과 같습니다. 그 질문은 우습다면서도 이 문제에 와서는 딴소리를 할 수 있습니다.

누가복음 16장에 나오는 청지기 비유 역시 많이 오해하는 본문입니다. 한 부자가 청지기에게 재산을 맡겼는데 잘 관리하지 않고 허비한다는 말을 듣습니다. 그래서 청지기를 불러다가 "내가 네게 대하여 들은 이 말이 어찌 됨이냐. 네가 보던 일을 셈하라. 청지기 직무를 계속하지 못하리라"(2절)라고 말합니다. 그 말을 들은 청지기가 어떻게 했습니까? 돌아다니면서 자기 주인에게 빚진 사람들에게 그 빚을 탕감해줍니다. 이를 전해들은 주인이 뭐라고 합니까? "주인이 이 옳지 않은 청지기가 일을 지혜 있게 하였으므로 칭찬하였으니 이 세대의 아들들이 자기 시대에 있어서는 빛의 아들들보다 더 지혜로움이니라"(8절). 그런데 혹자는 이 내용을 읽고 주를 위하기만 한다면 방법은 아무래도 좋다는 뜻으로 오해합니다. 이 이야기는 그런 비유가 아닙니다. 비유는 이런 면에서 참 어렵습니다. 비유가 어디에 초점을 두고 있는지를 모르면 완전히 헛발질을 할 수도 있습니다.

이 비유는 불의한 청지기가 '지혜롭다'는 것에만 초점을 맞추고 있습니다. 그는 청지기 일로 먹고살기에 여기서 쫓겨나면 굶을 수밖에 없습니다. 그래서 쫓겨날 때를 대비해 나중에 혜택을 받을 일을 지금 해놓으려 합니다. 이것이 이 비유의 핵심입니다. 내일 필요한 것을 오늘 미리 준비해두어야 한다는 사실을 잘 터득하고 있는 자세입니다. 이 세대의 사람들은 자기에게 필요할 것을 미리 준비해야 하는지를 안다는 말입니다. 그런데 오히려 빛의 자녀들은 내일을 목적으로 살면서도 미리 준비하는 일에 게으르다고 지적합니다. "내가 너희에게 말하노니 불의의 재물로 친구를 사귀라. 그리하면 그 재물이 없어질 때에 그들이 너희를 영주할 처소로 영접하리라"(9절). 이는 결코 훔친 돈이나 빼앗은 재물로 미래를 대비하라는 말이 아닙니다. 여기서 불의한 재물은 이 시대의 노력과 가치를 상징합니다. 내세를 금세에 준비하고, 영원을 지금 준비한다는 말입니다. 이것이 불의한 재물로 친구를 사귀라는 비유의 핵심입니다.

누가복음 11장에는 밤중에 찾아와 떡을 달라고 청하는 친구의 비유가 나옵니다. 이 비유는 주기도문 다음에 나옵니다. 먼저, 주기도문의 핵심이 무엇입니까? 마태복음 6장으로 가봅시다. 마태복음 6장에는 주기도문의 등장을 알리는 서론 격인 장면이 이해하기 좋게 확장돼 있습니다.

또 기도할 때에 이방인과 같이 중언부언하지 말라. 그들은 말을 많이 하여야 들으실 줄 생각하느니라. 그러므로 그들을 본받지 말라. 구하기 전에 너희에게 있어야 할 것을 하나님 너희 아버지께서 아시느니라. 그러므로 너희는 이렇게 기도하라(7-9절).

그러고 나서 바로 주기도문이 등장합니다. 그러니까 마태복음

6장에 따르면 주기도문을 이해할 때 가장 중요한 내용이 중언부언하지 말라는 것입니다. 중언부언이 왜 문제일까요? 중언부언은 쉽게 말해서 치성을 드리는 것입니다. 기도드리는 것 자체에 효과가 있다고 생각해서 중언부언합니다. 우리에게도 그대로 남아 있는 종교성입니다. 지성이면 감천이라는 생각, 그러니까 응답의 관건이 기도하는 사람에게 달려 있다는 생각입니다. 하나님이 우리가 기도하는 모습을 보고 기도 응답 여부를 결정하신다는 것입니다. 그런데 이 말씀에서는 그러지 말라고 합니다. 기도할 때 하나님이 듣고 안 듣고가 자신한테 달렸다고 생각하지 말라고 합니다. 기도할 때 가장 중요한 것은 "너희에게 있어야 할 것을 하나님 너희 아버지께서 아시느니라"고 믿는 것이니 응답에 대해서는 아예 걱정을 하지 말라고 합니다. 그러므로 너희는 그렇게 기도하지 말고 다음처럼 기도하라고 바로 이어서 가르쳐주십니다. 그러니까 주기도문에서 가장 중요한 것은 어떻게 응답을 받아내느냐가 아닙니다. 응답은 늘 있습니다. 주기도문 어디를 봐도 어떻게 기도해야 하나님이 좋아하시며 응답하신다는 내용은 보이지 않습니다.

이제 누가복음 11장으로 다시 돌아가봅시다. 이 본문은 주기도문을 어떤 차원에서 이해해야 하는지를 뒤이어서 조금 더 보충하는 비유입니다.

또 이르시되 너희 중에 누가 벗이 있는데 밤중에 그에게 가서 말하기를 벗이여 떡 세 덩이를 내게 빌리라, 내 벗이 여행 중에 내게 왔으나 내가 먹일 것이 없노라 하면 저가 안에서 대답하여 이르되 나를 괴롭게 하지 말라. 문이 이미 닫혔고 아이들이 나와 함께 침소에 누웠으니 일어나 네게 줄 수가 없노라 하겠느냐. 내가 너희에게 말하노니 비록 벗됨을 인하여서는 일어나 주지 아니할지라도 그 강청함을 인하여 일어나 그 소용대로 주리라(5-8절, 개역한글).

여기서 강청이라는 말이 재미있습니다. 벗됨을 인하여는 안 주는데 강청함을 인하여는 준다고 합니다. 강청은 '부끄럼 없는 고집shameless persistence'입니다. 어떤 조건이 개입하는 관계가 아니라는 말입니다. 여러분은 친한 친구에게 어떻게 합니까? "야, 우리 집에 손님 왔다. 빵 있으면 좀 내놔!" "야, 자고 있는데 웬 난리야?" "안 열어!" 친구라면 이렇게 한다는 말입니다. 진짜 친구라면 네 것 내 것이 없잖습니까? 기도할 때 바로 이 관계를 놓치면 기도가 성립하지 않는다는 비유입니다.

이렇게 기도하기가 쉽지 않습니다. "이것만 해주시면…" 하고 언제나 조건을 제시합니다. 하나님과 우리가 강청하는 관계임을 모르기 때문입니다. 신앙이란 결국 하나님이 우리 아버지임을 얼마나 이해하느냐의 싸움입니다. 이 비유를 통해 예수님은 우리가 신자의 특권, 즉 아버지께 강청할 수 있다는 사실을 자주 놓치고 있다는 것을 알려주고 싶으셨던 것 같습니다. 우리 신앙이 약한 이유가 이 때문일지 모릅니다. 이 비유에서 기도의 응답은 어떻게 이루어집니까? 어떻게 요청했더니 받아들여졌습니까? 벗됨이 아니라 강청함 때문입니다. 서로 예의를 지켜야 하는 사이가 아니라, 와서 당당히 요구할 만큼 자신감 있는 관계에서 기도가 이루어진다고 말합니다. 상대에게 "내 친구가 찾아왔으니까, 친구가 부탁하는 거니까 들어줘라"는 정도가 아니라, "내놔!"라고 말하라는 것입니다. 눈치보며 "내가 저 사람의 벗이니까 가서 구하면 혹 들어줄 수도 있겠지"라는 정도로 찾지 말고 "안 내놔!" 하면서 찾으란 말입니다. 기도는 상호 그 정도의 입장을 전제하고 소통하는 것입니다.

하나님나라

지금까지의 내용을 마무리하면서 다음 내용으로까지 나아가봅시다. 신구약 성경을 관통하는 주제가 무엇입니까? 하나님나라입니다. 영어에서 '나라kingdom'는 통치권을 가리킵니다. 오늘날 국가의 3대 요소는 국민, 국토, 주권입니다. 성경에서 하나님나라를 언급할 당시의 국가 개념은 통치권과 같은 개념이었습니다. 국민과 국토가 아닌 주권에 방점이 찍혔습니다. 그래서 나라도 주권 dominion이라는 뜻으로 쓰였습니다. 지금처럼 국민이나 국토는 관심의 대상이 아니었습니다.

그래서 성경의 주제가 하나님나라라는 것은 성경 최고의 사상이 하나님 주권이라는 것입니다. 성경이 하나님의 주권을 자꾸 높이는 것은 하나님이 얼마나 높으신지를 자랑하려는 것이 아니라, 하나님나라 건설이 분명한 목적이라는 뜻입니다. 그래서 하나님의 주권을 강조할 필요가 있습니다.

그런데 우리가 잘 아는 대로 국민, 국토, 주권, 이 3대 요소가 모두 성립해야 나라라고 부릅니다. 성경에 나오는 하나님의 주권은 통치권의 발현입니다만, 그 통치권은 하나님나라 백성들이 수용해야 비로소 성립됩니다. 왕이 명령했는데 국민이 따르지 않는다면 이를 통치권이라고 할 수 없습니다. 영토도 따져봅시다. 미국은 미국 대통령의 명령이 시행되는 곳까지입니다. 우리나라에 있는 미국 대사관은 우리 땅에 있지만 미국에 속합니다. 미국 대통령 명령에 따르고 심지어 미국 공휴일에 쉽니다. 여기 있지만 미국인 셈입니다.

우리 역시 시민권이 하늘나라에 있는 사람들입니다. 여기 살아도 하늘나라 시민입니다. 우주 만물의 주인이신 하나님 명령에 따르고 움직이는 이들입니다. 주기도문의 "나라가 임하옵시며"라는 문구를 잘못 해석하면 빨리 종말이 오라는, 다소 우스꽝스런 해석이 될 수 있습니다. 하지만 이 성경 구절은 종말이 빨리 오라는 내용이 아니라 "내가 하나님의 뜻을 받들고 시행하겠나이다"라는 서약입니다. 오늘 내가 서 있는 이곳에서 하나님의 통치권이 실현되려면 내가 하나님 뜻에 따라 살아야만 가능해집니다. 그때 비로소 하나님나라의 백성도 생기고 그 영토도 생깁니다.

그래서 성경에는 하나님나라의 건설을 목표로 모든 사건이 언약에 기초해 진행되고 있습니다. 그 과정에서 하나님 주권의 유일성, 절대성, 사실성을 강조합니다. 이와 동시에 하나님 백성은 하나님의 통치를 소원하고 기쁨으로 수용하면서 그 백성답게 훈련받고 나아지고 완성되어갑니다. 성경에서 동전의 양면 같은 이 두가지 중 하나라도 놓치면 성경의 내용을 제대로 이해하기 어렵습니다. 신구약 성경을 읽는 중요한 시각 중 하나가 바로 이 내용의 이중성을 고려하는 것입니다. 그러니까 하나님은 유아독존하시려는 분이 아니며, 결국 통치권이란 이를 받아들이는 사람들의 자발적 순종에 의해서만 시행될 수 있습니다. 이런 전제에는 하나님과 우리와의 관계, 즉 통치권의 대상인 우리를 인격체로 대하고 계시다는 것이 내포되어 있습니다.

비유가 등장하는 이유도 바로 이 때문입니다. 하나님은 설명을 해서 우리를 납득시켜야 하기 때문입니다. 하나님이 우리와 대등하거나 부족해서가 아니라 우리를 하나님나라 백성으로 삼기 원하시기 때문에 이 같은 과정이 꼭 필요합니다. 그래야 우리가 자발적으로 항복할 수 있습니다. 그런데 우리도 가끔은, 하나님이 양손에 칼과 떡을 들고 우리가 엉뚱한 곳으로 가면 칼로 내리치고 바른 데로 가면 떡을 주는 식으로 하시지 않을까 하는 의문을 품습니다. 여러분도 지금 있는 자리까지 오면서 우여곡절이 많았을 것입니다. 왜 그렇게 우왕좌왕하면서 이 길을 걷게 하시는지 이상하지 않습니까? 훨씬 돌아오는 길도 그대로 두고 보십니다. 왜 그럴까요? 우리가 기계가 아니라 생명이기 때문입니다. 생명은 자라야 합니다. 여러 가지 공구를 들이대 부수고 바꿔 끼는 식이 아니라 커나가야 합니다. 비를 내리고 해를 비춰 키워야 합니다. 그래서 성경에는 "때가 차매"라는 표현도 나옵니다. 하나님께 시간이라는 개념은 불필요합니다. 무에서 유를 창조하시는 분에게 시간이 필요할까요? 그 시간은 우리에게 필요한 것입니다. 하나님은 그 시간을 기다려주십니다. 우리를 위해 "때가 차매"라는 기다림이 필요합니다.

그래서 성경에 자주 하나님의 성품이 등장하는데 이를 주의 깊게 보셔야 합니다. 그 이유는 하나님의 능력을 자랑하려는 게 아닙니다. "여호와로라. 여호와로라. 은혜롭고 자비롭고 노하기를 더디 하시고…." 왜 이런 표현을 써야 합니까? 하나님이 하시는 일을 "내 눈앞에 보여봐"라고 요구할 때 바로 답을 주실 수 없기 때문입니다. 왜요? 우리가 그 답을 알 수 없는 수준이기 때문입니다. "나를 믿어라, 나는 네 편이다"라고밖에 설명할 길이 없습니다. 자식을 키워보면 이 점이 이해가 갑니다. 아무리 공부하라고 해도 여러 가지 평계를 댑니다. 결국에는 매를 들 수밖에 없는데 그것만으로는 생명이 크지 않으니까, "아버지는 네 편이다, 엄마는 네 편이다, 나쁜 일이면 왜 시키겠느냐?"라면서 납득시킬 수밖에 없습니다. 그래서 신앙은 말 그대로 믿음이 절대 조건입니다. 그 수밖에 없습니다. 설명에는 한계가 있기 때문입니다. 생명을 다루고 인격을 완성시키는 문제라서 많은 말과 사건이 그토록 많이 얼룩져 있는 것입니다.

하나님이 자꾸 그분의 성품과 인격을 설명하시는 이유가 그래서입니다. 제일 많이 등장하는 단어가 '사랑한다'입니다. 그 사랑을 우리에게 증명한 최고의 근거가 십자가입니다. "우리가 아직 죄인 되었을 때에 그리스도께서 우리를 위하여 죽으심으로 하나님께서 우리에 대한 자기의 사랑을 확증하셨느니라"(롬 5:8). 이를 근거로 그분의 사랑이 언제나 함께한다고 말씀하십니다. "자기 아들을 아끼지 아니하시고 우리 모든 사람을 위하여 내주신 이가 어찌 그 아들과 함께 모든 것을 우리에게 주시지 아니하겠느냐"(롬 8:32). 그러면 우리는 묻습니다. "그런데 저는 왜 이 모양입니까?" 하나님은 이 모든 것이 복된 길로 가는 과정이라고 말씀하십니다. 우리는 다시 묻습니다. "하지만 너무 고통스럽습니다." 하나님은 통과해보라고 하십니다. 지금은 불로 연단 받는 것 같고 죽음의 골짜기를 지나는 것 같지만, 지나고 나면 많은 샘이 나는 곳이 되며 정금같이 나오리라고 말씀하십니다. 여기까지 말했는데도 "싫어요, 안 가요"라고 말하면 다른 방법이 없습니다. 끌고라도 가야 합니다. "하나님은 절대 자기 백성을 그의 미련한 항거로 인하여 내버려두지 않는다. 끌고라도 간다. 결국 복 받는 자리로 가는 것이며 우리를 사랑하시기 때문에 놓아두실 수가 없어서 그러는 것이다." 이것이 하나님의 마음입니다. 고린도전서 10장이나 디모데후서 3장 16절 모두 같은 이야기를 하고 있습니다.

하나의 그림

물론 이것은 성경의 전부가 아니라 주요한 흐름입니다. 이것을 놓치고 성경을 읽으면 헷갈리기 쉽습니다. 결국 성경에서 중요한 것은 전체 그림을 보는 것입니다. 다시 한 번 강조하지만 바로 전체 그림이 '하나님나라'입니다. 하나님의 주권을 확립하고, 동시에 그 백성으로 초대받은 우리에게 그 주권을 이해시키고 납득시켜 그 앞에 항복하게 만듭니다. 그 앞에 무릎 꿇은 우리는 하나님의 뜻을 더 깊이 수용하고 믿어 변화에 이릅니다. 이 일이 계속 이루어지는 것이 하나님나라가 확장되고 완성되어가는 과정이며 지금 벌어지고 있는 일입니다.

성경의 전체 흐름은 이렇지만 시대마다 상황마다 어떤 식으로 시행되는지는 그때마다 다릅니다. 이렇게 생각해봅시다. 위대한 미술가에게 무슨 그림을 그려도 상관없으니 그림 한 점을 그려달라고 부탁했습니다. 정물화이든 풍경화이든 무엇을 그리든 그의 예술성이 배어날 것입니다. 하지만 무엇을 그리느냐에 따라 쓰는 색깔은 달라집니다. 풍경화를 그리면 아무래도 초록색을 많이 쓸 것이고, 정물화는 그리려는 대상에 따라 색이 달라질 것입니다. 하나님의 주권 역시 성경 어느 곳을 들어 설명하느냐에 따라 때로는 진노로, 때로는 용서로 표현될 수 있습니다. 아니면 그 백성을 훈련시키려고 상을 주시는 분으로도, 매를 드시는 분으로도 나타날 수 있습니다. 그 길이 울며불며 가는 길일 수도 있고, 상을 받고 기뻐하며 가는 길일 수도 있습니다. 그때마다 색깔은 다르지만 모두 하나님의 주권을 그리고 있습니다.

그런데 안타깝게도 많은 신자들이 성경을 읽을 때 색깔에 매달립니다. 그림이 아니라 색깔에 붙잡혀 있습니다. "나는 성경이 빨

개서 좋아", "나는 성경에서 이 초록색이 참 좋아"라고 하면서, 그 색으로 무엇을 그렸는지에조차 이르지 못합니다. 이는 마치 신앙을 뜨거움으로 소유하거나, 확신으로 소유하거나, 능력으로 소유하고 있는 것과 마찬가지입니다. 이것들은 모두 색깔에 불과합니다. 그림의 일부도 아닙니다. 그림을 일부라도 알려면, 그 색깔로 무엇을 나타내려 했는지를 알아야 합니다. "빨간색인데 사과더라"라고 이해할 수 있어야 합니다. 그래야 '빨간색'에서 멈추지 않고 빨간색으로 '사과'를 그린 줄 파악하게 됩니다. 사과인 줄 아는 것이 중요한데 빨간색 이외에는 관심도 없습니다. 성경이 능력으로도, 사랑으로도, 감동으로도, 확신으로도 들어오는데 각각의 색깔로만 파악하고 그 색깔이 가리키는 그림이 비어 있으니 합쳐지지가 않습니다.

하다못해 이쪽은 다리, 저쪽은 팔, 또 다른 쪽은 머리, 이런 식으로 부분부분 파악이라도 해놓으면 모자이크처럼 붙여 전체 그림을 그릴 수 있는데, 빨간색, 파란색, 노란색이라는 싸움만 벌어지기 때문에 모아놓아도 무지개밖에 나오지 않습니다. 우리가 성경을 어떻게 오해하고 있는지 알겠습니까? 그림의 일부조차 제대로 파악하지 못한 채 색깔로만 파악하고 있습니다. 감동, 능력, 회개 등으로만 파악합니다. 이를테면 무엇을 회개하는 것이며 그래서 무엇을 고쳐야 하는지까지도 가지 못한단 말입니다. 그런 것들이 전부 모아져서 하나님나라가 그려져야 합니다. 하나님의 주권과 그의 백성 된 우리, 이것이 성경이 요구하고 또 결국 드러나야 하는, 즉 성경이 기록한 모든 내용의 전체 그림입니다.

IO

신학이란 ————

무엇인가 ————

신학은 신에 관한 내용을 다루는데 이것이 철학과 다른 점이라고 했습니다. 철학은 형이상학적 개념을 추구하는 반면, 신학은 절대자의 말과 행위를 해석하고 추적하기에 해석의 문제가 중요합니다. 여기서 3대 신학, 즉 조직신학, 역사신학, 실천신학이 다루는 주제를 주의해서 살펴봐야 합니다. 신학이라는 학문에서 제일 큰 기둥 셋을 뽑으면 이와 같습니다.

조직신학과 역사신학

조직신학은 신론, 인간론, 기독론, 구원론(성령론), 그다음에 교회론과 종말론, 보통 이렇게 여섯 부분으로 나누고, 이 전체를 이해하기 위한 서론이 맨 앞에 옵니다. 그런데 왜 조직신학이 가장 많이 사용되는 '기둥'이 되었을까요. 앞서 말씀드린 대로 인간이 무언가를 이해하려면 합리성이 있어야 하는데, 주제별로 조직해 놓으면 이해하기가 아주 좋기 때문입니다. 그래서 구원, 예수 그리스도, 교회 등에 대한 내용을 성경 전체에서 모아 주제별로 묶은 것입니다.

물론 성경은 주제별로 구성되어 있지 않고 주로 역사 기록입니다. 근대에 와서는 성경을 역사의 관점에서 연구하는 성경신학이 독립된 학문 영역으로 자리 잡았습니다. 성경을 계시의 순서대로 추적해 들어가는 것이 성경신학의 영역입니다. 하지만 역사적 흐름보다는 주제별로 나누어 읽고 이해하는 쪽이 빠르기 때문에 조직신학이 신학의 왕좌를 차지하고 있습니다.

두 번째 기둥은 역사신학입니다. 성경을 주제별로 정리해서 이해하는 것만으로는 성경의 모든 내용을 추출할 수 없습니다. 어떤 내용은 너무 오묘하고 깊어서 특정 주제로 묶어내기도 어렵습니다. 이 같은 이유 때문에 역사신학이 등장합니다. 가령 기독교 교리 중에는 학자들이 먼저 성경을 읽고 정리한 내용도 있지만, 어떤 문제가 제기돼서 이에 대한 답을 성경에서 찾아서 교리로 정리한 것도 있습니다. 삼위일체론이 대표적입니다. 기독교가 점점 퍼져나가자 '예수님이 성부 하나님과 동등하신가, 아니면 조금 열등하신가'라는 문제가 발생하면서 아리우스(250?-336)의 양자론이 대두합니다. 양자론은 성자 예수에 대한 유명한 논쟁인데, 예수는 인간보다는 뛰어난 분이지만 인간의 몸에서 났기 때문에 창조주 성부 하나님과 대등할 수는 없다는 주장입니다. 인간이지만 하나님 뜻에 가장 합하게 생활했기 때문에 하나님이 신으로 만들어 주셨다고까지 이야기합니다. 그리스 신화의 헤라클레스가 나중에 신이 되는 것과 같은 식입니다. 우리는 아리우스의 양자론을 이단으로 여깁니다. 이 때문에 그렇다면 성자 예수님의 지위가 무엇인지를 추적하게 됐고, 결과적으로 성부 하나님, 성자 하나님, 성령 하나님은 삼위일체이시며 동등하시다는 교리가 탄생합니다. 성경 어디에도 삼위일체라는 단어는 없지만 이단의 도전 때문에 더 깊은 내용을 찾아낸 것입니다. 여기서 역사신학이 중요한 자리를 차지합니다. 선조들이 밝힌 성경의 내용이 당대의 상황과 창의적 도전들에 의해 어떻게 연마되고 변형되는지를 살펴보는 작업이 필요해졌고, 이를 역사신학이 감당하면서 신학의 주요한 기둥으로 자리하게 됩니다.

실천신학

설교학, 목회학, 상담학 등을 포함하는 실천신학이 어떤 이유로 3대 신학에 들어가게 됐을까요? 여기서 문제는 실천신학에서 다루는 학문들이 신학일 수 있느냐 하는 것입니다. 생각해보십시오. 설교학은 학문이라기보다는 방법론에 가깝지 않습니까? 얼핏 생각하면 신학에 낄 자리가 없어 보입니다. 설교학이 과연 학문의 영역에 포함되느냐는 질문이 가능합니다.

운전사를 가리키는 영어 단어 '드라이버driver'는 '운전하다 drive'라는 동사에 접미사 '-er'을 붙여서 만듭니다. 그런데 '피아노 치는 사람pianist'은 '피아노piano'에 '-ist'를 붙여 만듭니다. 둘이 왜 다릅니까? 제가 보기에 그 차이는 창작성 여부입니다. 운전자는 차로 무엇을 만들어내지는 않지만 피아니스트는 피아노로 작품을 만듭니다. 그러니까 재주와 숙련도의 차이가 아니라 창작 행위인지에 따라 er이 붙기도 하고 ist가 붙기도 합니다.

그렇다면 설교는 둘 중 어디에 속합니까? '설교할 때 어떻게 몸단장을 할 것인가, 음성은 어떻게 부드럽게 잘 조절할 것인가, 내용을 어떻게 기승전결로 잘 구성할 것인가' 같은 것들이 설교학의 전부라면 설교는 기술에 불과하기 때문에 분명히 er이 붙어야 합니다. 그런데 설교학이 학문이 될 수 있는 이유는 설교라는 것이 내가 가진 것을 일방적으로 강요하고 선포하는 데서 끝나지 않기 때문입니다. 오히려 설교는 목회와 교육으로 연결되어, 신자들이 현재 부딪히고 있는 문제들에 성경 내용으로 답을 제시하고 나아갈 방향을 보여줄 수 있어야 합니다.

여기서 진짜 문제가 불거집니다. 내가 답이라고 생각해서 설교로 전한 말씀이 신자들에게는 정작 답이 되지 않을 수가 있습니다. 이때는 성경본문을 더 깊이 해석하거나 다른 식으로 추적해야 하는 과제가 주어집니다. 이렇게 되면 설교는 생각보다 깊은 학문이 됩니다.

목회학, 설교학, 상담학, 교육학 등이 모두 처음에는 연역적으로 시행됩니다. 성경에서 거짓말하지 말라고 하니 당연히 그대로 가르칩니다. 내가 아는 성경 내용을 별 다른 작업 없이 바로 전달합니다. 하지만 현장에서 여러 가지 벽을 만납니다. 앞서도 인용한 한국전쟁 때 국군을 숨겨준 목사님 이야기를 기억해보십시오. 현실에서는 거짓말이 이로울 때가 언제든 발생할 수 있습니다. 그 거짓말에 생명이 좌지우지되는 경우도 맞닥뜨립니다.

그래서 거짓말이 무엇인지를 성경에서 추적합니다. 그랬더니 성경에도 라합이나 모세 시대 산파들처럼 거짓말하고 칭찬받은 사람들이 나옵니다. 그제야 우리는 거짓말에 대해 다시 배웁니다. 거짓말의 아비는 사탄이며, 사실을 왜곡할 뿐만 아니라 하나님을 거스릅니다. 하나님을 대적하는 행위가 모두 거짓입니다. 반면, 하나님 편에 서는 것은 거짓이 아니며 옳은 것입니다. 그래서 라합과 모세 시대 산파들이 칭찬을 받았습니다. 이런 과정을 통해 우리는 거짓말에 대해 진일보한 해석을 얻고, 신앙에 대해 더 깊은 내용을 확보하게 됩니다.

하나 더 살펴보겠습니다. 제가 어렸을 때만 해도 주일을 어떻게 지켰는지 아십니까? 주일에는 차도 타서는 안 되기 때문에 멀리 사는 사람들은 토요일 저녁에 교회에 미리 와서 다 같이 철야를 했습니다. 주일에는 외식을 할 수 없으니까 저녁까지 금식하며 예배를 드리고 또 철야를 했습니다. 그렇게 월요일 새벽이 되어 4시에 통금 해제 사이렌이 울리면 그제야 집으로 돌아갔습니다. 하지만 지금은 어떻습니까? 차를 타는 것은 물론이고 직접 운전까지 합니다. 하지만 누구도 안식일을 범한다고 생각하지 않습니다.

안식일에 일하지 말라는 말씀이 어떤 의미인지를 추적하게 되었기 때문입니다. "하나님의 요구와 말씀은 일관성이 있어야 하지 않습니까? 그런데 어째서 집이 멀어 교회 가까이 살게 해달라고 기도해도 응답이 없으시고, 아이라도 교회와 같은 동네에 있는 학교에 다니게 해달라고 기도해도 안 들어주시고, 기껏 있는 돈 다 털어서 구한 집이 겨우 이 정도라서 걸어갈 거리가 아닌데 어떻게 합니까?" 이런 항변을 대하면 성경을 다시 꼼꼼히 보게 됩니다. 그래서 안식일에 일하지 말라는 개념은 노동하지 말라는 금지 이전에 우리 노력으로는 구원을 얻을 수 없다는 상징이며, 이를 매주 기억하기 원하셨다는 사실을 발견합니다. 상징이라면 기억하고 지키는 법이 달라질 수 있지 않겠습니까?

물론 안식일만큼은 우리를 위해 살지 말고 하나님을 위해 구별해야 합니다. 하지만 그 구별이 무엇을 뜻하는지에 대해서는 진일보한 해석이 이루어집니다. 그렇다고 옛날에는 주일에 차도 못 타고 밥도 못 사 먹었는데 이제는 완전히 해방되었다는 것이 핵심은 아닙니다. 오히려 옛날에는 그런 것들로 주일을 지킨다고 여겼지만 이제는 하나님이 우리를 얼마나 사랑하시는지, 또 그 은혜가 얼마나 크며 우리를 구원에까지 이끄셨는지를 주일마다 확인함으로써 주일을 지킵니다. 이처럼 신앙이 진일보하는 것입니다.

안식일에 대해 강의할 때마다 이렇게 묻는 사람들이 꼭 있습니다. "그러니까 주일에 짜장면을 사 먹어도 된다는 이야기입니까, 안 된다는 이야기입니까?" 이렇게 주일 성수의 개념이 현실에서 난관에 봉착하면, 그 개념의 더 깊은 영적 의미로까지 파고들게 됩니다. 바로 이런 질문과 더 깊은 추적이 실천신학에서 맺히는 열매들입니다. 그러면 비로소 설교학, 목회학, 상담학 같은 실천신학이 단순히 특정 기술의 습득이라는 과제를 뛰어넘게 됩니다. 교리를 주입하는 연역적 작업에서 벗어나, 현실에 부딪히는 신앙 내용을 더 깊고 넓게, 더 정교하고 튼튼하게 만드는 작업까지 나아가게 됩니다.

연역과 귀납

앞서 말씀드린 운전사와 피아니스트를 가르는 지점은 결국 성경을 연역적으로 읽느냐 아니면 귀납적으로 읽느냐의 싸움입니다. 실천신학이 학문 영역까지 나아갈지 아니면 단순한 기술에 머무를지도 이 싸움에서 판가름 납니다.

그럼 연역적이라는 말이 무슨 뜻입니까? 간단히 말해, 콩 심은 데는 콩이 나는 것처럼 원인이 A이니까 결과가 B일 수밖에 없다는 것이 연역법입니다. 반면, 귀납법에서는 결과가 B이니까 원인은 A일 것이라고 추론합니다. 콩이 난 것을 보고 콩을 심은 게 분명하다고 판단하는 식입니다.

그러면 우리가 신앙을 실천할 때는 둘 중 어떤 방법을 주로 사용합니까? 절대 권위를 지닌 성경은 타협하거나 상의할 대상이 아니라서 연역적일 수밖에 없다고 흔히 이해합니다. 성경이 거짓말하지 말고, 나 이외에 다른 신을 두지 말라고 하면 그대로 따라야 합니다. 그래서 신앙은 이 권위 때문에 분명히 연역적일 수밖에 없습니다.

그런데 여기서 문제가 생깁니다. 우리가 성경 내용을 내 것으로 받아들이고 실천해나갈 때 자꾸 난관에 부딪힙니다. 그렇게 신앙을 실천하다가 좌절하게 되면 여러분은 어떤 생각이 드십니까? 하나님이 그의 백성을 축복하시고 그를 믿고 의지하는 자들에게 형통한 길을 주신다고 해서 열심히 기도하고 정직하게 살았는데, 일이 안 풀리면 어떤 문제가 생깁니까? 우리가 철석같이 믿었던 신앙 내용을 실생활에서 실천하면서 난관에 부딪히면 본질적 문제들이 수면 위로 떠오릅니다.

첫 번째 본질적 문제는 '하나님이 정말 계시는가' 하는 질문입니다. 학문적 용어를 써서 그렇지 우리가 늘 고민하는 문제입니다. 그토록 애쓰고 바랐던 일이 이루어지지 않으면 정말 하나님이 계신가 싶습니다. 두 번째 문제는 하나님 말씀의 지속성에 대한 의심입니다. '하나님 말씀이 어떤 때는 맞지만 어떤 때는 안 맞는 것 아니냐'는 의심이 고개를 듭니다. 하나님의 성품과 약속의 절대성에 의문이 생깁니다. 그런데 세 번째 문제가 제일 중요합니다. '내가 믿는 신앙 내용이 내가 제대로 해석해서 받아들인 것이 맞느냐'는 것입니다.

우리가 신앙에 기초해 확고한 기쁨을 누리면서 추구한 일이 좌절됐을 때 '하나님이 계시느냐, 하나님이 약속을 지키느냐'는 문제뿐만 아니라 '내가 하려는 일이 하나님이 원하시는 일이 아닌가'라는 문제도 발생합니다. 즉 해석의 문제가 대두하는데, 이 부분이 우리에게 굉장히 중요합니다.

우리 신앙이 난관에 부딪쳐서도 첫 번째, 두 번째 문제에 흔들리지 않는다면 세 번째 문제로 시선을 돌려야 합니다. 즉 하나님의 존재와 권위, 성실, 영원하심을 여전히 든든한 근거로 붙잡고 있다면 나머지 세 번째 문제에서 실마리를 찾을 수 있습니다. 자신의 신앙이 난관에 봉착한 이유가 하나님의 존재와 약속이 가짜여서가 아니라 그 존재와 약속을 잘못 이해한 데 있다는 쪽으로 선회하게 됩니다.

간단한 예를 들어봅시다. 복이라는 개념을 생각해보십시오. 신앙에 처음 입문한 사람은 예수를 잘 믿고 하나님 기뻐하시는 대로 살면 복을 받는다고 생각합니다. 맞습니다. 성경이 그렇게 약속했으니까요. 그래서 건강하고 모든 일에 형통하고 무슨 일이든지 잘 이루어지리라 믿고 있는데, 갑자기 가족 중에 한 사람이 병에 걸립니다. 그래서 무슨 잘못한 일이 있나 싶어 낱낱이 찾아서 회개하고 간절히 기도합니다. "기도하면 들어주신다고 했지요? 하나님이 복 주신다고 했지요?" 그런데 기도를 들어주시기는커녕 아프던 사람이 그냥 죽습니다. 그러면 아까 말씀드린 대로 '하나님이 정말 계신가, 하나님이 우리 기도를 들어주신다는 약속이 사실인가'라는 문제에 봉착합니다. 만일 이 두 가지 문제를 넘어설 수 있다면 남은 문제는 하나입니다. '하나님이 약속하신 복은 대체 무엇인가'라는 문제만 남습니다. '잘 먹고 잘 살고, 우리가 원하는 것이 다 이루어지는 것만이 복은 아니다'까지 나아가야 합니다.

왜냐하면 하나님은 온 우주 만물을 창조하시고 통치하시는 분이기 때문입니다. 하나님의 통치가 미치지 않는 곳이 없으며 그분의 권위가 방해받는 곳은 없습니다. 그러므로 하나님의 약속이 어떤 사건이나 일에 가로막힌다 해도 그분이 통치하시지 않거나 외면하셔서 일어나는 일은 아닙니다. 이에 대한 우리의 해석이 잘못됐다고밖에는 할 수 없습니다.

그 대표적인 예가 욥입니다. 욥과 친구들은 재난은 악하게 산 사람들이 받는 벌이라고 생각하며 살았습니다. 그런데 어느 날 욥에게 그 재난이 닥칩니다. 자녀들이 죽고 재산도 날아가고 심지어 몸까지 병듭니다. 욥이 아무리 따져봐도 자기는 잘못한 일이 없습니다. 그래서 억울하다고 하나님께 하소연을 합니다. 그때 욥의 친구들이 찾아와 나무랍니다. "잘못한 일이 없으면 하나님이 왜 벌을 주겠느냐?" 하지만 욥은 끝까지 잘못한 일은 없다고 결백을 주장합니다. 그러자 친구들은 "그렇게 이야기하는 것만 봐도 너는 틀렸다"라고 지적합니다. 결국 누가 옳다고 판정이 났습니까? 하나님이 누구 손을 들어주셨습니까? 욥의 세 친구는 틀렸고 욥이 옳았습니다. 거기서 욥이 무엇을 배웁니까? "내가 주께 대하여 귀로 듣기만 하였사오나 이제는 눈으로 주를 뵈옵나이다"(욥 42:5)라고 고백합니다.

하나님이 주시는 복과 벌은 개인의 잘잘못이 아니라 더 높은 뜻에 달려 있음을 발견하게 됩니다. 부모가 회초리를 들 때는 단순히 아이의 잘못을 고치기 위해서만이 아니라 아이를 더 높은 수준까지 끌어올리기 위해서입니다. 남의 집 유리창을 깨뜨리고 왔을 때도 회초리를 들지만 공부 열심히 해서 훌륭한 사람이 되라고 가르칠 때도 회초리를 듭니다. 개인의 잘잘못에 대한 문제가 아닙니다. 우리는 고난을 통해 이런 내용을 귀납적으로 비로소 깨닫습니다. 우리가 아는 신앙 내용이 어떤 일이나 사건, 형편에 가로막힐 때 우리가 연역적으로 해석한 신앙 내용이 아직 핵심을 못 붙잡고 있다는 생각을 마땅히 가져야 합니다. 바로 그 자리가 실천신학이 학문으로 자리매김하는 근거가 되는 지점입니다.

일상의 역할

이렇게 되면 신학을 종교의식 내로만 국한할 수 없게 됩니다. 신학의 주제인 신은 초월자이기 때문에 그를 경험하거나 이해하지 못한 사람, 즉 중생하지 않은 사람이 이 주제를 다루면 신화밖에 되지 않습니다. 신학의 주제인 초월자를 아는 사람이어야 제대로 신학을 연구할 수 있습니다. 다른 말로 하면 연구자에게 종교의식이 있어야 합니다. 연구 방법은 합리성을 기초로 한 과학적 방법을 쓸 수밖에 없지만, 연구의 내용만큼은 종교의식 내에 자리합니다.

그런데 지금까지 살펴본 실천신학의 관점에서는, 신학이라는 학문은 더 이상 종교의식이나 종교경험이라는 테두리 안이 아니라 초월과 구별되는 자연 영역 전체로 그 범위가 넓어집니다. 하나님이 연구자의 종교의식과 종교경험을 더욱 정교하고 깊고 넓게 만드는 작업이 그가 부딪히는 일상의 모든 면면을 무대로 평생 이루어지기 때문입니다.

제가 지금 구별하려는 것이 바로 이것입니다. 하나님이 알려주시지 않으면 우리는 그분에 대해 알 수 없습니다. 일반 학문을 연구하듯 그렇게 좇아 올라가서는 하나님을 만나지 못합니다. 하지만 우리가 알고 보고 믿는 내용은 좋든 싫든 합리적으로 정리하고 제시해야만 비로소 이해가 가능해집니다. 그런데 그렇게 정리하고 이해하는 과정이 기도 중에, 성경을 읽는 중에 신비로운 방법으로 이루어지지 않고 일상에서 발생합니다. 이것이 바로 실천신학입니다.

우리가 믿는 바를 생활에 적용하다 보면 때로는 문제가 발생하고, 그때 자신이 이해한 내용을 점검하게 됩니다. 이렇게 하나님은 우리의 신앙 내용을 더 넓히고 깊게 만들려고 일상을 자주 사용합니다. 물론 그 내용 자체는 학문으로 연구해 붙잡은 것이 아니라 하나님에게서 왔지만, 내가 받은 것이 무엇인지를 제대로 이해하고 우리에게 허락된 수준까지 그 이해를 정교하게 만드는 작업은 일상의 도움으로 이루어집니다.

그래서 이런 이야기도 할 수 있습니다. 신앙 좋다는 것이 무엇입니까? 매일 기도하고 성경 읽고 전도하는 것입니다. 그런데 신앙이 실제로 좋다는 것이 무엇입니까? 가정을 지키고 아이 잘 키우고 이웃에게 욕 안 먹는 것입니다. 왜냐하면 하나님 백성으로 사는 삶은 종교적 일을 얼마나 많이 하느냐보다, 일상에서 어떻게 안 꺾이고 신앙 내용을 실천하는지에 달렸기 때문입니다. 악으로 악을 갚지 않고 선으로 악을 이기는 싸움을 하는 것입니다. 더 선하고 더 지극히 옳은 것만을 좇아서는 답이 나오지 않을 때가 많습니다. 그래서 신학은 하나님을 아는 종교의식 내에서 이루어지지만, 그 의식은 일상과 평생의 경험이 투사되고 반영되는 곳이어야 합니다. 이 때문에 인생과 세상이 더욱 필요해지고, 수도사와 같은 단절은 더욱 위험해집니다.

실천신학을 연역적으로 접근하면, 성경을 많이 읽고 기도를 많이 하고 기도원에 많이 올라가고 금욕적 생활을 철저히 하느냐로 신앙생활을 평가할 위험이 높습니다. 예수님을 따라 변화 산에 올라갔다가 "여기가 좋습니다"라고 말했던 세 제자처럼 되는 것입니다. 그런 태도로는 절대 훌륭한 신앙을 소유할 수 없습니다. 손에 흙을 묻히지 않으니 손은 지저분해지지 않을지언정 괜찮은 신앙인이 된다는 보장은 없습니다.

기독교 교육

이제 실천신학의 한 분야인 기독교 교육에서 무엇을 할지를 앞의 내용과 연결해 살펴봅시다.

첫째, 기독교 교육은 종교의식이 싹트는 공동체와 전통을 효율적으로 조성해야 합니다. 이 종교의식은 어디서 생깁니까? 하나님을 만나고 이해하는 일은 개인적으로 일어납니다. 중생은 하나님이 그분의 성령으로 말미암아 한 개인에게 역사하시는 일이기 때문입니다. 그런데 자신이 중생한 사실을 어떤 식으로 이해하고 해석할지는 소속한 종교 공동체의 전통에 따라 다소 달라집니다. 감리교 신자라면 감리교 식으로, 장로교에 속했다면 장로교 식으로, 순복음교회에 다니고 있다면 순복음교회 식으로 자기가 받은 구원을 해석할 것입니다. 그런데 어느 공동체가 됐든 종교의식이 저절로 생겼을 때 기독교 교육이 그 의식을 가능한 한 최선의 방법으로 정리시키고 이해시켜야 합니다. 정리와 이해가 빠를수록 그 위에 더 많은 것을 쌓을 수 있으므로, 결국 교육은 종교의식이 싹트고 열매 맺는 공동체와 전통을 최대한 효율적으로 조성하는 것이 관건입니다. 어떤 분위기와 어떤 전통을 만들어갈지를 구체적으로 의도하는 것입니다.

여기서 보통 '역사와 전통이 있다'라는 말을 하는데, 이때 전통이 무엇입니까? 단순히 오래됐다는 것이 아니라, 주변 환경에 배어든 어떤 중요한 내용을 워낙 철저하게 요구하다 보니 따로 배우지 않아도 저절로 습득한다는 뜻입니다. 교육이란 그 전통을 최대한 효율적으로 조성하고 구체적으로 의도하는 것입니다. 그래서 학생들이 특별히 배우거나 의도하지 않아도 신앙 내용을 저절로 익히게 되는 전통과 공동체를 조성하는 것이 기독교 교육의 첫 번째 과제입니다.

물론 사람은 학교 이외에도 다양한 곳에서 배웁니다. 셋이 길을 가면 그중에 반드시 스승이 있다는 말도 있지 않습니까? 이럴 때는 배우려는 사람이 적극적으로 덤벼드는 경우지만, 학교는 가르치려는 사람이 배우려는 사람을 끌고 가는 특징이 있습니다. 때려서라도, 강압적 방법을 써서라도 배우게 합니다. 또 어떤 목표와 목적으로 두고 학생을 가르칩니다. 제가 말한 효율적으로 조성하고 구체적으로 의도하는 것은 이것을 가리킵니다. 어떤 목적을 두고 그 방향으로 이끄는 것입니다.

두 번째 할 일은 세상 여러 사건에서 하나님의 손길을 파악하는 눈을 길러주는 것인데, 이는 결국 문화와 연결됩니다. 우리나라 기독교의 약점이 이 시각이 없다는 것입니다. 문화적 시각이 없어서 하나님의 손길이 종교의 모습으로 나타나지 않으면 알아보지를 못합니다. 그래서 기도회나 부흥회, 전도 같이 종교화된 일에서만 열심을 보이고 무언가를 쌓아간다고 생각합니다. 세상 모든 일 가운데 하나님의 손길을 찾아내고, 그것들을 엮어내 거기서 신앙 양분을 섭취하는 시각은 찾아보기 어렵습니다. 그 결과 융통성이나 다양성이 없고 교회에서만 신앙 자원을 섭취합니다. 그러니 무슨 일이 생기면 목회자에게 꼭 가서 물어봐야 합니다. "목사님 이런 일이 생겼는데 어떻게 하면 좋겠습니까?" "목사님, 우리 아이가 이과를 갈까요, 문과를 갈까요?" 뭐든지 물어봐야 합니다. 종교적 열심은 있어서 밤 새워 기도는 하지만 하나님이 답을 안 주시니까 결국 목사를 찾아갑니다. 하지만 저라도 이런 문제들에 달리 드릴 말씀이 없습니다. 목사가 모든 것을 꿰뚫어 아는 사람은 아닙니다. 이런 통찰은 신자들 개개인이 길러야 하는 시각이고, 이를 위해 기독교 교육이 해야 할 일이 큽니다.

생각하는
신 앙

세 번째 할 일은 기독교 유산에 가능한 빨리 항복시켜 더 높은 경지에 이르도록 도전하게 만드는 것입니다. 기독교 교육은 배우는 사람보다 오히려 가르치는 이들에게 도움을 줍니다. 가르치다 보면 학생들이 직면한 문제와 내가 가진 답이 충돌하는데, 그러면서 자신의 신앙에 대한 이해가 더 깊어지고 높아지고 넓어집니다. 그중에는 교육은 연역적으로 해야 한다고 믿어서 "아휴, 몰라. 그게 옳대. 가서 다르게 사는 한이 있어도 일단 아멘이라고 해"라고 강요하는 사람도 있습니다. 그러니 가르치고 배울수록 이원화됩니다. 기독교 신앙으로 외우는 것과 세상에 나가서 사는 것이 완전히 양분됩니다. 우리를 가로막는 문제가 한둘이 아닙니다. 학교 공부는 어떻게 해야 하는지, 인생에서 어떤 길을 선택해야 하는지, 이런 문제들을 놓고 아이들과 함께 씨름해야 합니다. 그런데 우리는 지나치게 아이들을 정해진 답에 끼워맞추기만 합니다. 우리가 가진 답이 학생들이 가져오는 문제를 해결할 만큼 세분화되어 있지도, 또 그들을 기꺼이 항복시킬 만큼 풍성하지도 않다는 반증입니다. 이래서 우리의 기독교 교육이 갈 길이 아주 멉니다. 그래도 다시 한 번 강조하지만, 가르치는 자에게는 큰 복이요 이익입니다. 가르치는 길에 들어선 이들은 이를 염두에 두고 늘 기뻐하면 좋겠습니다.

II

기독교 ——
교육이란 ——
무엇인가 ——

지난 장 후반에서는 기독교 교육에 대해 이야기를 나눴습니다. 신학이 무엇이며 우리의 신앙이 무엇인가라는 차원에서 기독교 교육을 살폈더니 우리가 처한 국면이 드러났습니다. 이번 장에서는 조금 더 실질적인 부분으로 들어가봅시다. 교육은 '무엇을 가르칠 것인가', '왜 그것을 가르쳐야 하는가', '어떻게 가르칠 것인가'라는 세 가지 조건을 꼭 갖춰야 합니다. 이것을 보통 교육의 세 요소라고 합니다. '무엇을 가르칠 것인가'는 가르쳐야 하는 내용입니다. '왜 그것을 가르쳐야 하는가'는 가르쳐야 할 이유와 목적입니다. '어떻게 가르칠 것인가'는 우리가 교육이라고 하면 흔히 초점을 맞추는 방법론입니다. 가르치는 사람이 도달한 결론을 어떻게 배우는 사람에게 고스란히 전달해 납득시킬지가 숙제입니다. 이번 장에서는 '무엇을, 왜, 어떻게 가르칠 것인가'라는 세 가지 차원에서 기독교 교육을 추적해보겠습니다.

무엇을 가르칠 것인가

우리가 가르치는 것은 기독교 신앙, 즉 성경의 내용입니다. 그런데 여기서 난관에 부딪힙니다. 같은 성경을 가르치니까 교육 내용도 같겠지 싶은데, 뜻밖에도 같은 성경으로 서로 다른 내용을 가르치고 주장하는 모습을 자주 봅니다. 왜 그렇습니까? 앞서 살펴본 대로 성경 내용은 해석을 해야 이해하고 납득할 수 있습니다. 그러므로 성경 내용을 어떻게 해석하느냐, 다시 말해 성경 내용이 가리키는 바를 어떻게 파악하는지에 따라 기독교 교육은 전혀 다른 길을 걸을 수 있습니다.

바로 이 때문에 기독교 교육은 신학과 손을 잡을 수밖에 없습니다. 예를 들면, 성경이 사회 구원과 개인 구원 중에 무엇을 먼저 추구하는지를 두고도 기독교 교육은 달라질 수밖에 없습니다. 사회 구원은 우리가 처한 환경을 바꾸어야 개인 구원을 이룰 수 있다는 입장이고, 개인 구원은 개인이 구원받아야 사회도 구원된다는 입장입니다. 무엇이 조건이며 무엇이 결과인지에 따라 갈립니다. 여러분은 어떤 신앙관을 갖고 있습니까? 교회는 어디를 지향합니까? 어떤 사람이 개인 구원을 지향하는지 어떻게 알 수 있습니까? 데모나 정치 민주화에 앞장서지 않는 데서 확인할 수 있습니다. 대신 죄악에 사로잡힌 한 영혼을 최우선 목표로 삼고, 그렇게 한 사람 한 사람이 하나님 앞으로 돌아올 때 그 사회가 변한다고 믿습니다. 정치 구조나 사회 개혁을 부르짖어 죄를 짓지 않는 환경을 조성해 사람을 변화시키려 하지 않습니다. 이를 믿지 않습니다. 왜 그렇습니까? 인류는 가장 완벽한 환경에서 타락했기 때문입니다. 아담과 하와는 지상낙원에서 타락했고 죄는 수도원에서도 일어납니다. 가장 거룩한 곳, 가장 거룩한 행위에도 죄는 깃들 수 있습니다.

그래서 마태복음 6장에서는 다음처럼 꾸짖습니다. "사람에게 보이려고 그들 앞에서 너희 의를 행하지 않도록 주의하라"(1절). 이어서 기독교 신앙의 가장 아름다운 형태가 세 가지 예로 등장합니다. 하지만 기도와 구제와 금식도 하나님 앞에서 점수를 얻지 못할 때가 있다고 경고합니다. 이처럼 성경을 어떻게 이해하고 기억하는지에 따라 기독교 교육이 나아갈 길은 전혀 달라질 수밖에 없습니다.

그래서 신학과 기독교 교육은 불가분의 관계입니다. 너무 방법론에만 치우쳐 교육을 고민하고 논의하는 경향이 있는데, 이는 난센스에 가깝습니다. 교육은 이웃이나 후손에게 꼭 전해야겠다는 내용의 가치와 진실성, 그에 대한 본인의 확신, 진리 됨과 권위와 필요성으로 말미암아 자연스럽게 교육으로 연결돼야 합니다. 그런데 교육을 한낱 '테크닉'으로만 다루면 곤란합니다.

오늘날 현대 문명이 세분화·분업화되면서 어느 한 가지 기술에 능통하고 전문가가 되어야 먹고살 수 있는 사회가 되었습니다. 그러다 보니 가르치는 기술만 뛰어나도 가르치는 내용이나 가치까지 섭렵한 줄로 착각합니다. 가르치는 내용에 스스로 항복한 마음, 모든 이들에게 좋은 것을 전하려는 열정 등이 교육을 가능케 하는 것이지, 가르치는 기술만으로 대접 받고 교육자라고 자부해서는 안 됩니다.

교회 주일학교 교사도 하나님의 약속에 대한 사랑과 열정, 확신, 감격 등을 기본으로 갖춰야지, 얼마나 말을 잘하고 잘 가르치는지는 그 다음 문제입니다. 그런데 뜻밖에도, 세분화된 현대 문명의 영향을 받은 교회에서도 가르치는 기술이 뛰어난 사람, 일반 학교에서 교사하는 이들을 더 대접합니다. 심지어 목사도 공부를 많이 하고 박사 학위가 있는 이들을 골라 모셔다가, 좋은 메시지와 가르침을 기대하는 엄청난 과오를 저지릅니다. 나이가 많거나 못 배웠거나 말을 잘 할 줄 모르는 이들을 교회가 외면해서는 안 됩니다. 또 자기만큼은 유능하다며 자신해서도 안 됩니다.

기독교 교육이 신학과 불가분의 관계에 있고, 단순히 가르치는 기술로만 접근해서는 안 된다고 말씀드렸습니다. 그렇다면 이제 기독교 교육이 가르쳐야 할 내용을 본격적으로 이야기를 해봅시다. 먼저 기독교 교육은 무엇이 착하고 옳은지를 가르치는 것이 아닙니다. 기독교 교육의 가르침을 세상 윤리나 교양 차원에서 착한 사람이 되고 의로운 사람이 되라는 가르침과 같다고 자꾸 포장합니다. 하지만 이는 엄청나게 삐뚤어져 있다는 증거일 뿐입니다.

가령 주일 성수를 가르칠 때도 주일을 지키는 것이 옳고 그래야 착한 사람이라고 가르쳐서는 안 됩니다. 주일 성수는 하나님의 하나님 되심을 인정하고 천지와 우리를 지으신 그분이 지금도 온 천하 만물을 다스리고 계시다는 고백과 연결되어야 합니다. 이런 내용 없이 단지 착하고 옳다는 말만 강조해서는 원래 담긴 내용을 크게 약화시키게 됩니다. 이런 차원에서 신학의 내용과 기독교 교육은 밀접하게 연결돼야 합니다.

그렇다면 성경의 대주제, 곧 기독교 교육이 놓치지 말아야 할 성경에서 가장 중요한 내용은 무엇입니까? 하나님과 구원, 둘 다 맞습니다. 우리 쪽에서는 구원이 더 와 닿고, 하나님 쪽에서는 그분이 당연히 대주제입니다. 구원은 하나님의 하나님다움 때문에 나온 자연스런 결과인데, 우리 쪽에서는 구원이 더 급합니다. 배고플 때는 내 앞에 밥이 왔다는 사실이 중요하고 누가 줬는지는 배부른 다음에 생각하기 마련입니다. 배가 불러야 감사하다는 말도 나오듯이 당장은 구원에 눈이 더 갑니다. 하지만 결국 더듬어 올라가면 하나님이 주제입니다. 그래서 같은 구원이라도 우리 쪽 경험과 시선에서 쓴 성경이 있고, 하나님 쪽 시각에서 쓴 성경이 있습니다. 똑같은 내용을 강조점을 어디에 두고 표현했는지에 따라 둘로 나뉩니다. 오늘날에는 이 둘이 '하나님나라'라는 말로 수렴합니다. 과거에는 구원, 전도, 봉사, 성결이라고 이야기했는데 이것들 역시 하나님나라라는 말에 다 포함됩니다. 그러니까 세부 내용을 먼저 파악했고 이제 그것들을 하나로 묶는 주제를 찾았는데, 그것이 하나님나라입니다.

하나님나라는 앞서 이야기했듯이 하나님이 통치하시는 그분의 영토에서 하나님의 백성들이 살아가는 것입니다. 하나님 쪽에서 보면, 하나님은 그 나라 건설을 위해 지금도 애쓰고 계시며 우리를 당신의 백성으로 삼기 위해 구원을 베푸셨습니다. 우리 쪽에서 보면, 하나님이 예수 그리스도를 보내어 우리를 죄에서 건져 거룩하게 하시고, 마침내 영광의 자리에 세우실 것입니다. 이 둘을 한데 아우르는 대주제가 하나님나라의 건설과 완성입니다. 하나님 나라 건설을 위해 우리를 죄악에서 건지셨고, 또 우리를 통해 새로운 백성을 구원하고 계시며, 구원받은 이 모든 백성을 하나님나라 시민으로 부족하지 않도록 완성해가고 계십니다.

그런데 어디에서 이러한 일들을 하십니까? 이 세상에서, 우리 역사 가운데서 하십니다. 이 일을 함께 이루어가는 일이 우리에게 주어졌으며, 따라서 하나님 백성으로서의 책임이 기독교 교육의 내용에 포함될 수밖에 없습니다.

하지만 성경의 대주제와 하나님의 목표를 다르게 해석하고 다른 신학을 지향하면 기독교 교육에서 가르치는 내용 역시 완전히 달라집니다. 이를테면 사회구원을 강조하는 WCC 운동이 있습니다. WCC 운동은 사회구원론을 배경으로 하며 더욱 확장한 형태가 해방신학, 민중신학입니다. 여기서는 한 개인이 악해서 죄를 짓는다기보다는, 그를 둘러싼 환경이 죄를 지을 수밖에 없게 만들기 때문에 그 환경부터 고쳐야 한다고 주장합니다. 부정부패, 인권유린, 빈곤, 폭력, 공포 같은 것들을 제거해 자유롭고 안전하게 살 수 있는 조건을 먼저 조성해줘야 한다는 것입니다. 빈곤이 도둑질을 부르고 공포와 불안이 악한 행위를 용인하기 때문에 인간에게 필요한 것은 빵과 해방이라고 봅니다. 이것이 사회구원론입니다.

그래서 WCC 운동은 중남미나 동남아시아에서 내전에 참가한 게릴라들이 무기를 구매할 수 있도록 돕기도 합니다. 공산주의, 민주주의를 떠나서 부정부패와 인권유린에서 한 나라를 먼저 해방시켜야 한다고 생각합니다. 분명 그것들이 하나님의 인류애이며, 기독교가 늘 부르짖는 이웃 사랑이지만, 문제를 푸는 방식은 성경이 제시한 것과 다릅니다.

이렇게 성경을 다르게 해석하면 가르치는 내용도 완전히 달라집니다. 인권이 유린되고 부정부패에 신음하는 이들을 해방하려면 기독교 교육을 통해 해방 전사를 길러내야 하지 않겠습니까? 게릴라 훈련이라도 시켜서 억압받는 나라에 해방 전사로 투입해야 하지 않겠습니까? 기독교 교육을 한 가지 기술로만 생각하지 마시고 여러분이 소유하고 있는 신앙의 가장 중요한 내용과 늘 연결된다는 사실을 잊지 마시기 바랍니다.

왜 가르쳐야 하는가

무엇을 가르칠지가 정해지면 그다음에는 피교육자에게 왜 배워야 하는지를 납득시켜야 합니다. 동기부여가 되지 않으면 교육은 성공하기 어렵습니다. 교육학에서 제일 큰 싸움이 바로 동기부여입니다. 피교육자가 배우는 이유를 스스로 납득해야 비로소 교육을 시작할 수 있기 때문입니다. 그러면 반대로 우리는 왜 우리의 신앙 내용을 피교육자에게 가르쳐야 합니까? 무엇 때문에 이 고생을 사서 합니까? 그 내용이 엄연한 사실이기 때문입니다. 지금 현재의 사실이기도 하고 앞으로 닥쳐올 현실이기도 합니다. 우리를 지으신 하나님이 계시고, 그 하나님이 우리를 거룩한 나라의 백성으로 부르시며, 결국에는 하나님나라가 임한다는 사실을 어떻게 가르치지 않을 수 있겠습니까?

"세상은 잠시 있다가 없어질 것이다. 이 세상은 스스로 생겨난 것이 아니라 하나님이 만든 작품이다. 이 세상의 역사가 끝나는 날이 있다. 주께서 다시 오신다." 얼마나 중요한 내용이며 정당한 설명입니까? 그런데 여기서 커다란 문제가 생깁니다. 아무리 설명을 해도 자연인의 마음에는 흡족하지 않습니다. 도무지 납득하기 어렵습니다. 기독교 신앙의 어려운 점은 아는 사람에게는 당연한 내용이 그렇지 않은 이들에게는 당연하지 않다는 것입니다. 세상 지식은 누구나 납득할 만한 객관적 설명이 가능하지만, 성경 내용은 모두가 납득하게끔 설명할 방법이 없습니다.

바로 여기서 교육답지 않은 요소가 기독교 교육으로 들어옵니다. '성령님의 간섭'이라는, 말도 안 되는 부분이 등장합니다. 일반 교육과 기독교 교육이 완전히 갈리는 지점이 바로 여기입니다. 세상 지식은 객관적으로 증명해서 납득시킬 수 있지만, 기독교 신앙의 내용은 객관적으로 설명할 방법이 없습니다. 중생한 사람만이 납득할 수 있습니다. 그래서 기독교 교육의 내용은 그 당위성과 필요성을 성령님의 간섭 없이는 전달할 방법이 없습니다. 느닷없이 성령님의 간섭이 등장해 보통 우리가 생각하는 교육이라는 개념을 무참히 짓밟아버립니다. 그러면서 세상에서 강조하는 교육자, 가르치는 실력, 교육방법론 같은 것들의 가치가 사라지고 그런 것들을 자랑거리로 삼을 수 없게 됩니다.

고린도전서 2장 1-5절을 봅시다. "형제들아, 내가 너희에게 나아가 하나님의 증거를 전할 때에 말과 지혜의 아름다운 것으로 아니하였나니 내가 너희 중에서 예수 그리스도와 그가 십자가에 못 박히신 것 외에는 아무것도 알지 아니하기로 작정하였음이라. 내가 너희 가운데 거할 때에 약하고 두려워하고 심히 떨었노라. 내 말과 내 전도함이 설득력 있는 지혜의 말로 하지 아니하고 다만 성령의 나타나심과 능력으로 하여 너희 믿음이 사람의 지혜에 있지 아니하고 다만 하나님의 능력에 있게 하려 하였노라."

우리는 사도 바울을 유명한 전도자로 알고 있습니다. 첫 선교사요, 가장 큰 하나님의 일꾼이었습니다. 그러나 사도 바울은 분명히 알고 있었습니다. 자기가 잘 가르쳐서 상대방이 납득하고 항복한 것이 아니라고 적고 있습니다. 오히려 하나님의 증거를 전할 때 자신이 설명을 잘해서 결실을 거둘까봐 염려합니다. 또 다른 하나의 철학이 될까봐 걱정합니다. 하나님의 증거를 자신의 말로 이해한다면 잘못된 것입니다.

요즘 식으로 바꿔 말하면, 예수 믿어야 하는 이유를 자꾸 설명하려는 분위기입니다. "예수 믿어봐. 그러면 마음도 평안해지고 복도 받아." 물론 예수를 믿게 하는 방법으로 못 쓰일 것은 없지만, 예수 믿으면 이런 일들이 일어난다고 개연성을 부여하는 것은 큰 오산입니다. 사도 바울 스스로 "내가 너희 가운데 거할 때에 약하고 두려워하고 심히 떨었노라"고 고백합니다. 왜 그랬을까요? "내 말과 내 전도함이 설득력 있는 지혜의 말로 하지 아니하고 다만 성령의 나타나심과 능력으로 하려고 늘 두려운 마음으로 내 스스로가 약해지길 원했다. 내 자신이 드러나서 하나님을 방해할까봐, 혹시 욱하는 마음으로 나는 이런 것을 분명히 아는데 너는 왜 모르느냐고 으스댈까봐, 이렇게 이렇게 하면 되잖아"라고 할까봐 그는 조심 또 조심했습니다. 자신을 누르는 일에 훨씬 더 많이 떨었습니다.

성령님의 개입을 바라며 기다리는 기독교 교육도 이런 차원에서 일반 교육학과 차이가 있습니다. 피교육자의 동기부여가 가르치는 사람의 설명이 아니라, 성령이 마음을 녹이고 눈을 밝혀 잠자는 영혼을 불러일으키는지에 달려 있기 때문입니다. 여기서 주의할 점은 인과율입니다. 잘 가르치면 잘 배운다고 여기지 마십시오. 조금 더 비약하면 기독교 교육에서 잘 가르친다는 말은 피교육자가 잘 알아듣도록 설명하는 것이 아니라, 성령이 더 자유롭게 활동하도록 열어두는 것입니다. 그래서 겸손하게 주를 더 사랑하고 충성하는 데서 결실이 맺힙니다. 설명을 잘하고 예화를 잘 든다고 맺히는 것이 아닙니다. 누가 설교를 잘하면, 그가 말을 잘해서가 아니라 하나님을 사랑하며 성도를 사랑하기 때문임을 알아야 합니다.

다시 고린도전서 2장 6-8절을 봅시다. "그러나 우리가 온전한 자들 중에서는 지혜를 말하노니 이는 이 세상의 지혜가 아니요. 또 이 세상에서 없어질 통치자들의 지혜도 아니요. 오직 은밀한 가운데 있는 하나님의 지혜를 말하는 것으로서 곧 감추어졌던 것인데 하나님이 우리의 영광을 위하여 만세 전에 미리 정하신 것이라. 이 지혜는 이 세대의 통치자들이 한 사람도 알지 못하였나니 만일 알았더라면 영광의 주를 십자가에 못 박지 아니하였으리라."

이 지혜는 사람이 만들어낸 것도, 사람이 이해할 수 있는 것도 아닙니다. 이해할 수 있었다면 예수 그리스도를 십자가에 못 박지 않았을 것입니다. 예수님도 죽고 부활하기 위해 오시지 않았을 것입니다. 설명만으로도 이해시킬 수 있는데 왜 굳이 십자가에 매달리는 방법을 선택했겠습니까? 그분이 십자가에 달리신 이유는 이 지혜가 설명할 수도, 이해할 수도 없기 때문입니다. 인간이 이 지혜를 이해하지 못했다는 사실은 십자가에 예수를 못 박으면서 완전히 자명해졌습니다.

10절에 "오직 하나님이 성령으로 이것을 우리에게 보이셨으니"라면서 성령이 등장합니다. 우리가 예수를 주로 믿은 일은 성령이 개입하셨기에 일어난 일입니다. "성령은 모든 것 곧 하나님의 깊은 것까지도 통달"한다고 했습니다. 13-14절도 봅시다. "우리가 이것을 말하거니와 사람의 지혜가 가르친 말로 아니하고 오직 성령께서 가르치신 것으로 하니 영적인 일은 영적인 것으로 분별하느니라. 육에 속한 사람은 하나님의 성령의 일들을 받지 아니하나니 이는 그것들이 그에게는 어리석게 보임이요, 또 그는 그것들을 알 수도 없나니 그러한 일은 영적으로 분별되기 때문이라."

그러니 기독교 교육에서 동기부여가 개연성이 없다는 것은 굉장히 중요합니다. 이는 성령님이 간섭하셔야 한다는 말이며, 기독교 교육이 세상에서 말하는 교육학 범주에서 비껴나 있다는 뜻입니다. 결국 기독교 교육은 피교육자에게 하는 것이 아니라, 주님께 "저 영혼을 불쌍히 여겨 주십시오"라고 호소하는 것입니다. 주님이 그들의 영혼을 불쌍히 여길 때 열매가 맺히지, 내가 피땀 흘려 아무리 정확히 설명한다고 해서 그저 열매가 생기지는 않습니다. 그렇다고 해서 게으르거나 아무렇게나 해도 좋다는 이야기는 아닙니다. 다만 우리 실력과 힘만으로는 가르치는 내용의 당위성과 필연성을 설명하기에 역부족이라는 데 기독교 교육의 특수성이 있습니다. 하나님의 은총과 사랑과 은혜와 긍휼에 의존해야지 가르치는 기술에 의존해서는 안 됩니다. 그래서 우리는 아무도 자랑할 수 없습니다. 누구도 "내가 가르치면 돼"라고 말할 수 없고, 동시에 "나는 못해요"라고도 할 수 없습니다. 아무도 자랑치 못하고 아무도 절망치 못합니다. 누구도 할 수 없지만 누구나 할 수 있습니다.

어떻게 가르칠 것인가

이제 마지막으로 '어떻게 가르칠 것인가'를 살펴보겠습니다. 여

러분이 잘 아시듯 여기에는 가르침teaching과 배움learning이라
는 두 가지 요소가 있습니다. 일반 교육학에서는 가장 중요한 내
용입니다. 기독교 교육에서 이 둘을 다룰 때 요즘 크게 대두되는
문제는 지도자입니다. 왜 지도자 문제가 떠오를까요? 신명기 6장
4-9절을 찾아봅시다. 이 구절은 기독교 교육의 당위성을 증명할
때 자주 동원됩니다.

"이스라엘아, 들으라. 우리 하나님 여호와는 오직 유일한 여호
와이시니 너는 마음을 다하고 뜻을 다하고 힘을 다하여 네 하나님
여호와를 사랑하라. 오늘 내가 네게 명하는 이 말씀을 너는 마음
에 새기고 네 자녀에게 부지런히 가르치며 집에 앉았을 때에든지
길을 갈 때에든지 누워 있을 때에든지 일어날 때에든지 이 말씀을
강론할 것이며 너는 또 그것을 네 손목에 매어 기호를 삼으며 네
미간에 붙여 표로 삼고 또 네 집 문설주와 바깥 문에 기록할지니
라."

이 구절 때문에 한동안 우리는 기독교 교육을 이렇게 오해했습
니다. "우리 자녀들과 후손을 가르치는 일은 신앙인들의 당연한
책임이다. 땅 끝까지 이르러 증인이 되는 일도 마찬가지이다." 자
녀를 부지런히 가르치고 복음의 증인이 되는 것, 이 둘을 그리스
도인이 감당해야 할 양대 과제라고 생각했습니다. 하지만 본문의
초점은 다른 데 있습니다.

7절 이하는 "네 자녀에게 부지런히 가르치며 집에 앉았을 때에
든지 길을 갈 때에든지 누워 있을 때에든지 일어날 때에든지 이

말씀을 강론할 것이며 너는 또 그것을 네 손목에 매어 기호를 삼으며 네 미간에 붙여 표로 삼고 또 네 집 문설주와 바깥 문에 기록할지니라"라고 말합니다. 이 내용을 가르치는 방법으로 삼기에는 적합하지 않습니다. '어떻게'라는 방법이라기보다는 '너희가 가르쳐야 할 것들이 얼마나 소중한 것인 줄 알고 있어야 한다'는 뜻입니다.

4-5절에서는 "이스라엘아, 들으라. 우리 하나님 여호와는 오직 유일한 여호와이시니 너는 마음을 다하고 뜻을 다하고 힘을 다하여 네 하나님 여호와를 사랑하라"라고 말씀합니다. 예전에는 이 구절을 "땅 끝까지 이르러 내 증인이 되라"고 하신 말처럼 기독교 교육이 얼마나 중요하고 긴급한지를 말하는 내용으로 이해했습니다. 하지만 제대로 해석하자면, 하나님을 사랑하고 그 말씀에 순종하는 부모의 모습은 신앙이 무엇인지를 자녀에게 자연스럽게 전달하고 가르치게 된다는 내용입니다.

부모가 자녀 앞에서 공부하라는 말을 입에 달고 사는 이유가 무엇입니까? 공부가 얼마나 세상 사는 데 필요하고 또 중요한지를 강조하기 위해서입니다. 마찬가지로 하나님을 사랑하고 그 말씀에 순종하는 일이 대단한 것이라면 무엇보다 자녀들에게 가르치고 전수해야겠다는 마음이 들 것입니다. 가르치고 교육하기에 앞서 부모가 자신의 가장 소중한 것을 생활에서 드러내면 그것이 자녀에게는 곧 가르침이 됩니다. 길을 가거나 집에 있거나 어디에서나 주를 사랑하는 모습을 삶으로 드러내 그 소중함을 전달하라는 말입니다. 즉 잘 설명해서 납득시키는 방법이 아니라, 기독교 신앙에 먼저 항복한 사람이 얼마나 그 내용을 귀히 여기는지를 보여주는 방법입니다. 그러니까 가르침teaching이 아니라 본보기sample나 모델model이라는 방법을 쓰는 것입니다.

이를테면 주일학교 교사는 자신이 아는 내용을 얼마나 논리정연하게 설명하느냐로 책임을 다했다고 말할 수 없습니다. 오히려 자신이 얼마나 하나님을 사랑하는지를 아이들 앞에서 드러내면 됩니다. 그 사랑은 기도하는 모습으로, 부지런한 모습으로, 안타까워하는 모습으로 나타납니다. 때로는 좌절하는 모습으로도 나타납니다. 이것이 기독교 교육입니다. 하나님은 그분을 먼저 만난 사람의 순종과 만족으로 하나님나라가 전해지는 것을 기뻐하시고, 또 그 방법을 기뻐 쓰십니다.

고린도전서 1장을 예로 들어봅시다. 20-21절에서 "지혜 있는 자가 어디 있느냐. 선비가 어디 있느냐. 이 세대에 변론가가 어디 있느냐. 하나님께서 이 세상의 지혜를 미련하게 하신 것이 아니냐. 하나님의 지혜에 있어서는 이 세상이 자기 지혜로 하나님을 알지 못하므로 하나님께서 전도의 미련한 것으로 믿는 자들을 구원하시기를 기뻐하셨도다"라고 말합니다.

사도 바울은 고린도 교회에 여러 파벌이 생겼다는 말을 듣고 이 편지를 씁니다. 바울파, 베드로파, 아볼로파, 예수파가 등장해 "나는 이것을 바울에게 배웠다", "나는 이것을 베드로에게 배웠다"라며 분쟁이 일어납니다. 그래서 바울은 편지에 "베드로가 이 도를 설명해서 너희가 깨달은 줄 아느냐, 바울이 이 도를 너희에게 설명해서 너희가 알아듣고 예수를 믿게 된 줄 아느냐"며 그것이 아니라고 못을 박습니다. 조금 전에 고린도전서 2장에서 살펴본 대로 성령으로 말미암지 않고는 아무도 깨닫지 못합니다. 사람의 지혜와 지식으로는 논리정연하게 설명할 수도 없고 알아듣지도 못합니다. 1장 21절 이하에 썼듯이 "하나님의 지혜에 있어서는 이 세상이 자기 지혜로 하나님을 알지 못하므로" 그 누구도 세상 지식과 실력으로 하나님의 지혜를 안다고 말할 수도, 전할 수도 없습니다. 오히려 하나님은 전도라는 미련한 방법으로 이 일을 해나가십니다. 전도란 '이것은 말로 해서는 알아듣지 못한다'라는 표시입니다.

대개 사람들이 어떻게 전도를 합니까? 느닷없이 "예수 믿으세요. 당신은 죄인입니다. 하나님 안 믿으면 지옥 갑니다"라고 말합니다. 이처럼 무례한 말도 없습니다. "실례합니다. 시간 좀 내실 수 있을까요? 잠깐 차 한 잔 하면서 인생의 중대한 문제에 대해 이야기해보지 않겠습니까?" 이렇게라도 해야지요. 사실 예수 안 믿으면 지옥 간다고 억박지르는 것은 말이 안 됩니다. 그런데 하나님은 그런 방법으로도 구원을 얻게 하십니다. 아무리 치밀한 방법을 써도 통하지 않다가도, 말도 안 되는 방법이 통하기도 합니다. 하나님이 왜 이런 방법을 쓰십니까? 이때야말로 우리가 말 잘해서 이뤄낸 게 아님이 증명되기 때문입니다. 이것이 전도입니다. 전도는 최악의 방법론입니다. 구원은 성령이 간섭하시고 하나님의 긍휼을 입어야만 이루어진다는 사실을 명명백백히 보여주는 방법으로서의 방법론입니다. 그러니 전도할 때 논쟁을 벌이지 마십시오. 무의미합니다. 그것으로 절대 설복되지 않습니다. 잘 이해가 안 되겠거든 그냥 교회에 나오라고만 하십시오. 나왔는데도 모르겠다고 하면 한 번으로 되겠느냐고 하고, 1년 다녀도 모르겠다고 하면 그동안 다닌 것이 억울하니 뿌리를 뽑으라고 하십시오. 그동안 낸 헌금이 아깝지 않느냐고 하십시오. 그 밖의 이야기는 무의미합니다. 전도라는 것이 원래 그렇게 의도된 것입니다.

그래서 성경은 하나님이 많이 쓰시는 방법으로 아브라함의 예를 보여줍니다. 아브라함은 이삭을 바치려 합니다. 이에 대해 "하나님도 참 유별나시지, 백 세에 아들을 주시고는 또 바치라고 하다니"라고 말하면 안 됩니다. 성경이 말하려는 내용은 하나님이 어떤 분이시기에 백 세에 낳은 하나밖에 없는 아이를 기꺼이 바치느냐는 것입니다. 아브라함의 신앙이 좋다는 이야기가 아닙니다. 하나님이 얼마나 대단한 분이기에 그를 믿는 자들이 이렇게까지 하느냐는 것입니다. 스데반도 사람들이 자신에게 이를 갈고 돌을 던지는데도 노여워하지 않고 웃으며 죽어갑니다. 그가 믿는 주님이 도대체 누구냐는 반응이 자연스레 나옵니다. 하나님은 이런 모습을 쓰십니다. 기독교 교육의 방법론은 어떤 기술이 아니라 가르치는 이가 하나님에게 항복하면서 도리어 감사하고 만족하는 모습입니다. 이것을 놓치면 기독교 교육은 전혀 시행되지 않습니다.

요한복음 13장 34-35절에는 더 이상 반론을 제기할 수 없는 결정적 명령이 나옵니다. "새 계명을 너희에게 주노니 서로 사랑하라. 내가 너희를 사랑한 것같이 너희도 서로 사랑하라. 너희가 서로 사랑하면 이로써 모든 사람이 너희가 내 제자인 줄 알리라." 이상하지 않습니까? 주님이 계신 사실과 주님의 가르침을 증명하는 방법으로 본보기가 되라고 하십니다. 어떤 테크닉을 요구하시지 않습니다. 어떤 기가 막힌 기적을 이루라고도 요구하시지 않습니다. 전도도 마찬가지입니다. 우리가 증인이 되거나 누구를 가르치거나 할 때 가장 위대한 방법론은 주께 항복하고 순종하는 것입니다. 주님 한 분으로 만족하고 기뻐하는 것이 기독교 교육과 전도, 또 모든 일에 유일하고 가장 충분한 해답입니다.

여러분이 교회에서 아무 일도 하지 않는다면 사실 할 말이 없습니다. 지금 행복하게 잘 살고 있는데 하나님이 혹시 나를 미워할까봐, 매 맞지 않으려고 교회 나오는 정도라면 곤란합니다. 그 정도로 믿어서는 안 됩니다. 일을 하자는 말이 아닙니다. 주를 사랑한다면 가만히 있을 수 없습니다. 예수 믿는 사람처럼 사십시오. 절대로 손해 보지 않으리라 보증합니다. 이 세상에서 신앙생활보다 더 기쁘고 재밌고 보람찬 일이 있으면 말해보십시오. 저는 목사가 되고 나서 이제까지 후회한 적이 없습니다. 물론 괴로웠던 적은 수없이 많습니다. 하지만 그 괴로움이 이 보람과 재미, 사는 재미를 방해하지 못했습니다.

신앙은 전 인격과 생애에 작용하는 것이다

하나님을 안다는 것은 정보나 지식이 아닌 관계에 관한 것입니다. 이것이 가장 중요합니다. 관계에 관한 것이란 무엇일까요. 자식이 부모에게 떼를 쓸 때 이런 말을 감히 합니다. "나, 집 나갈 거야!" 자식만이 할 수 있는 말입니다. 만약 보육원에서라면 '나가겠다' 는 말을 하기가 쉽지 않습니다. 아이도 그 말이 무기가 될 수 있다 는 생각을 하지 않습니다. 아이를 맡은 쪽의 책임감도 부모보다는 덜합니다. 하지만 자식을 키우는 부모라면 집을 나가겠다는 말을 묵과할 수 없습니다. 있을 수 없는 일이지요. 하나님에 대한 지식 은 언제나 관계에 관한 것입니다.

그런 의미에서 하나님을 안다는 것은 인간이 하나님의 창조물이 며 사랑의 대상이라는 '인간의 지위'를 이해하는 것입니다. 이 이 해는 흔히 우리가 말하는 이해와는 사뭇 다릅니다. 여전히 계몽주 의 영향 아래 있는 우리는 이런 이해를 지식으로 받아들입니다. 지식이나 지성, 학문과 같은 것들은 무엇을 담아내기에는 유용합니다. 서가가 있어야 책을 가지런히 꽂을 수 있듯이, 지성은 많은 내용을 정리해 간직하고 쓸모 있게 보관하는 데는 아주 유용합니다.

신학의 꽃은 조직신학이었습니다. 8장과 10장에서도 간략하게 다루었지만, 성경 내용을 주제별로 나누어 우리가 이해하기 쉽도록 나열한 것입니다. 어떤 의미에서 신학은 '사전을 만드는 것'입니다. 그리하면 찾아보기도 쉽고 개념을 이해하기도 좋습니다. 그런데 성경은 이야기의 전후가 있고 우리를 어디로 인도해가고 있는지를 알려주는 스토리텔링입니다. 반면, 사전에는 이야기가 없습니다. 이 둘을 혼동하지 말아야 합니다. 사전이 필요 없다고 말하는 것은 무지한 발상입니다. 다만 사전을 언제 어떻게 사용해야 하는지를 알아야 합니다. 사전이 없으면 불편합니다. 우리는 이제 무슨 일에나 따르는 부작용이나 결함을 비판할 때 신중해야 합니다. 사전이 소설이 아니듯, 신학을 공부했는데도 신앙이 자라지 않는다고 신학을 폄하해서는 안 됩니다. 둘은 전혀 다른 것입니다.

사실 신학의 중요성은 균형과 질서, 조화에 대한 안목을 기르는 데 있습니다. 신앙의 중요한 요소인 정서와 의지가 오히려 균형과 분별을 방해할 때가 대단히 많습니다. 교회가 부흥했던 때 많은 이들이 교회로 들어왔는데, 그들의 삶까지 신앙 영역으로 들어왔다면 당연히 우리 사회는 더 나아졌을 것입니다. 잘 아시듯 실제로는 그렇게 되지 않습니다. 그들의 감동과 고백이 얼마나 굉장한 내용들입니까? 구호를 외치거나 운동을 할 게 아니라, 그들 스스로 분별하고 통찰해서 그들의 생애, 지위, 역할에 그 굉장한 내용을 담을 수 있게 해주었어야 했습니다. 그렇게 하지 못한 이유는 결국 우리의 신학 수준이 낮았기 때문입니다. 지금도 신학 공부를 하면서 학문성을 강조하거나 어떤 보상심리 같은 만족에만 초점을 맞추고, 내게 일어나는 일과 내가 하는 고백이 가지는 존재적·사회적 책임과는 잘 연결시키지 못합니다. 시간이 더 필요합니다. 신학을 하는 더 나은 이유들에 대한 실제적이고 역사적인 그리고 실존적인 경험들이 더 쌓여야 합니다. 실제로는 많은 걸 가졌음에도 이상하게 실제 삶에서는 맥을 못 추는 이들이 여러 공격을 받습니다. 그러나 아직 부족한 지금의 모습이 스스로를 돌아보고, 서로의 필요를 이해하고, 그래서 한걸음 더 나아가는 과정일 것이라 믿습니다.

끝으로 이 책을 통해 독자들이 '기독교 신앙은 전 인격과 생애에 작용하는 것이다'라는 자극을 받았으면 좋겠습니다.

기독교 신앙이 얼마나 크고 풍성한지를 여러 경험과 시각 속에서 만나보라.
몇 가지 관점으로 이 증언들을 일렬로 세우려들지 말 것.

1. 《성경 한걸음》(레슬리 뉴비긴, 복있는사람)

   《성경은 드라마다》(마이클 고힌, 크레이그 바르톨로뮤, IVP)

   – 성경을 개념이 아닌 내용으로 읽으라.

2. 《온전한 회심: 그 7가지 얼굴》(고든 스미스, CUP)

   《순전한 기독교》(C. S. 루이스, 홍성사)

   – 구원은 시작부터 완성에 이르는 과정이 있다. 그 과정을 통해 성품이 완성으
   로 나아간다.

3. 《하나님의 뜻: 오늘 여기서, 그분을 위해》(제럴드 L. 싯처, 성서유니온선교
   회)

   《은혜, 은혜, 하나님의 은혜》(리 스트로벨, 두란노)

   – 신앙의 삶을 현실 속에서 하나님이 구체적으로 주도하신다. 무섭게 주도하
   신다.

4. 《하나님의 모략》(달라스 윌라드, 복있는사람)

   《성화란 무엇인가》(싱클레어 퍼거슨 외, 부흥과개혁사)

   – 당신의 신앙에 따뜻함과 풍성함을 입혀라.

5. 《기독교 세계관과 현대사상》(제임스 사이어, IVP)

　《박영선의 다시보는 로마서》(박영선, 남포교회출판부)

　　– 기독교 신앙은 우주와 역사를 감싸는 규모에 이른다.

6. 《하나님의 나그네 된 백성》(스탠리 하우어워스, 윌리엄 윌리몬, 복있는사람)

　　– 하나님을 거부하는 세상 속에서 하나님의 백성으로 살아가는 명예!

7. 《다원주의 사회에서의 복음》(레슬리 뉴비긴, IVP) [6장부터 읽을 것]

　　– 개인 구원론을 넘어 하나님이 인류에게 얼마나 크게 일하시고 있는가 보라.

8. 《하나님의 은혜》(제럴드 L. 싯처, 성서유니온선교회)

　《박영선의 욥기 설교》(박영선, 영음사)

　　– 고난의 인생을 통해 하나님이 무엇을 만드시는지 기대하라.

9. 《죄책감과 은혜》(폴 투르니에, IVP)

　《박영선의 다시보는 사사기》(박영선, 남포교회출판부)

　　– 자책과 회한으로 톱밥을 썰고 있지 말 것!

10. 《시편 사색》(C. S. 루이스, 홍성사)

　《미국을 만든 책 25》(토마스 C. 포스터, RHK)

　　– 신앙의 지평 넓히기

생각하는
신　앙

■
■
■

11.《현실에 뿌리 박은 영성》(유진 피터슨, IVP)
    – 추상적 신앙을 극복하기

12.《복음주의와 기독교적 지성》(알리스터 맥그래스, IVP)
    《삶을 위한 신학》(알리스터 맥그래스, IVP)
    – 신학은 신앙 공동체를 위하여 있다!

생각하는 신앙